French
Study
and
Revision

B. Howson

Introduction

This book is designed to help you in your revision before taking the 'O'-level GCE or CSE examination in French.

You will find that it covers the basic grammar of the examination syllabus as well as offering typical examples of the types of question you will be asked to answer. The vocabulary used is basically what you will need to know to meet the requirements of the examination.

Here are some practical suggestions on how you might best use this book.

Remember that it is better to do a little work each day over a longer period than to try and cram your revision into a short time. You will see that you are asked to write your answers in the book itself. Do each exercise for the first time in pencil before you check your answers in the Answers at the end of the book. Make a note of your score before erasing your answers. This way you can repeat the exercise later, compare your scores and thus check your progress. Finally enter up your answers to each exercise in ink, correcting any mistakes you may have made. You will then have an accurate summary of what you need to know which you can read over before the examination.

There is no vocabulary list as such in this book. You may occasionally need to check the meaning of words – a good dictionary to use is *Gem French Dictionary, Collins.* It is important that you do not leave any exercise without making sure that you have understood what each word means and what its gender is.

One good way to revise is with a friend so that you can help and test each other, each using your copy of the book.

Bonne chance!

Bryan Howson

Contents

ISBN 0 00 197 273 1 (net edition)
ISBN 0 00 327 793 3 (non-net edition)

First printed in 1983 by Bell and Bain Ltd
  2 3 4 5 6 7 8 9 10
© Bryan Howson 1983
Cartoons drawn by David Farris

1.1 Verbs – the present tense

Je regarde la télévision	I am watching television I watch television I do watch television

1. Write in the endings of these regular verbs below:

1) Je reste . . . . à la maison aujourd'hui.

2) Tu aimes . . . bien les haricots verts.

3) Henri parle . . . . bien le français.

4) Elle écoute . . . . . toujours le professeur.

5) Il arrive . . . . souvent en retard.

6) Nous regardons . . parfois la télévision.

7) Vous mangez . . . au restaurant ce soir?

8) Marie et Hélène travaillent . . . bien ce matin.

9) Elles quittent . . . bientôt l'école.

10) Ils cherchent . . . partout leur père.

2. Complete phrases b) and c) in each of the numbers below, using phrase a) as a guide. Be careful to fill in the right form of these irregular verbs:

1) a) Tu prends l'autobus le matin.
 b) Vous prenes . . . .
 c) Ils   prennent . . . .

2) a) Il   met   la main dans la poche.
 b) Nous mettons . . . .
      mets
 c) Je   mette . . . .

3) a) Je   vais en France demain.
 b) Elle s'va . . . .
 c) Ils   . . vont . . . .

4) a) Elles boivent parfois le vin blanc.
 b) Il   boit . . . .
 c) Vous buvez . . . .

5) a) Nous disons toujours la vérité.
 b) Je   dis . . . .
 c) Jean dit . . . .

6) a) Vous faites vite le travail.
 b) Il   fait . . . .
 c) Elles font . . . .

7) a) Je   reçois une invitation à dîner.
 b) Nous recevons . . . .
 c) Elles reçoivent . . . .

8) a) Elle part ce soir pour Dijon.
 b) Je   pars . . . .
      partent
 c) Elles prends . . . .

9) a) Tu sais   bien la réponse.
 b) Vous savons . . . .
 c) Ils   . savent . . . .

3. Here are two very important irregular verbs. Fill in the right part of the verb in each sentence below. Number 1 has been done for you.

Etre – to be

1) Je **suis** de mauvaise humeur.

2) Tu es . . . fort en français?

3) Il . . est . . malade aujourd'hui.

4) Marie est . . . . souvent en retard.

5) Nous sommes enchantés de vous voir.

6) Vous êtes . . . . content de votre cadeau?

7) Ils . . sont . assis dans le jardin.

8) Elles . sont . . prêtes à partir.

Avoir – to have

1) J'**ai** du travail à faire.

2) Tu . . as . . une sœur?

3) Pierre . a . . . . quinze ans.

4) Elle . . . a . . . soif.

5) Nous avons . une maison à la campagne.

6) Vous avez quel âge?

7) Ils . . ont . un beau jardin.

8) Elles . . ont . . de jolies robes.

4. *In each sentence below tick the form of the verb which is correct:*

1. Vous
   - sort ...
   - sors ... à quelle heure?
   - sortez ...

2. Je
   - croient ...
   - crois ... qu'il fera beau.
   - croyez ...

3. On
   - vend ...
   - vends ... des timbres ici?
   - vendent ...

4. Tu
   - vient ...
   - viens ... au cinéma avec
   - venez ... nous?

5. Nous
   - descendons ...
   - descends ... à la prochaine
   - descendent ... station.

6. Elle
   - écris ...
   - écrivent ... souvent à sa
   - écrit ... mère.

7. Ils
   - envoie ...
   - envoyons ... un cadeau
   - envoient ... magnifique.

8. Il
   - ouvrent ...
   - ouvre ... vite la lettre.
   - ouvrez ...

9. Elles
   - finissent ...
   - finit ... trop vite leur
   - finissons ... travail.

5. Reflexive verbs

Write in the correct reflexive pronoun in the following sentences:

1) Comment . . . . . . appelez-vous?

2) Les enfants . . . . . . couchent trop tard.

3) Ils ne . . . . . . rasent pas tous les jours.

4) On . . . . . . lave avant de s'habiller.

5) Elles . . . . . . habillent dans leur chambre.

6) Demain je . . . . . . lève de bonne heure.

7) Pourquoi . . . . . . regarde-t-il dans le miroir?

8) Tu . . . . . . assieds à côté de moi.

9) En classe nous . . . . . . taisons.

10) Elle . . . . . . précipite vers la porte.

COMMANDS

6. *Look at the list of phrases in the box below and write in the spaces provided the one you would choose if you wanted someone to:*

1) sit down . . . .

2) listen to you . . . .

3) pay attention . . . .

4) give you something . . . .

5) not be impatient . . . .

6) come here . . . .

7) give you a kiss . . . .

8) follow you . . . .

9) stop talking . . . .

10) wait for you . . . .

11) not touch . . . .

12) not walk on the grass . . . .

13) come quickly . . . .

14) not look . . . .

15) go away . . . .

a) Viens ici! b) Ne regardez pas!
c) Ne parlez pas! d) Embrasse-moi! e)
Asseyez-vous! f) Ne touchez pas! g)
Attends-moi! h) Venez vite! i) Donnez-
le-moi! j) Ne marchez pas sur l'herbe!
k) Suivez-moi! l) Écoutez-moi!
m) Allez-vous-en! n) Ne t'impatiente
pas! o) Faites attention!

Non, viens avec moi ce soir! Appelle Henri. Dis-lui que tu es malade.

7. Choose the right instruction from the phrases in the box below for each of the following statements. Write your answer in the space provided:

1) J'ai tellement faim. ....

2) Je suis si fatigué. ....

3) Je suis en retard. ....

4) J'ai mal à la tête. ....

5) J'ai tellement soif. ....

6) La bouteille est vide. ....

7) Il va neiger plus tard. ....

8) J'ai beaucoup de travail à faire. ....

9) Le pneu est crevé. ....

10) Elle est très malade. ....

11) Nous faisons trop de bruit. ....

12) J'aime beaucoup cette robe. ....

Achetez une autre! Prenez de l'aspirine! Aidez-moi! Regardez le ciel! Mangez ce pain! Dépêchez-vous! Buvez ce vin! Allez vous coucher! Appelez le médecin! Achetez-la! Réparez-le! Taisez-vous!

VERBS FOLLOWED BY AN INFINITIVE

Falloir and devoir
Je **dois aller** à Londres.   *I must go to London*
Il me faut aller à Londres.

8. Translate the following sentences into French in the two different ways shown here.

1) *I have to go to Paris.*

Je ....

Il ....

2) *You must work this morning.*

Vous ....

Il ....

3) *She must write a letter.*

Elle ....

Il ....

4) *They have to leave now.*

Ils ....

Il ....

5) *We must say goodbye.*

Nous ....

Il ....

6) *He must learn French.*

Il ....

Il ....

7) *They must catch the train.*

Ils ....

Il ....

8) *You must not speak.*

Tu ....

Il ....

9) *She must not smoke.*

Elle ....

Il ....

9. Answer the questions below along the lines of the example:
Example Je dois travailler?
　　　　 – Oui, il vous faut travailler.

1) Il doit venir avec nous?

– Oui, il .... faut ....

2) Vous devez rester ici, mes amis?

– Oui, il .... faut ....

3) Nous devons partir?

– Oui, il .... faut ....

4) Ils doivent passer l'examen?

– Oui, il .... faut ....

5) Elle doit quitter l'école?

– Oui, il .... faut ....

10. Saying what you are going to do, using *aller*

Example Je **vais écouter** la radio.
I am going to listen to the radio.

Make up eight sentences from the table below.
Use each item once only:

Je vais	préparer	votre café?
Vas-tu	acheter	une nouvelle robe.
Il va	visiter	leurs amies.
Allez-vous	voir	ton repas?
Nous allons	vendre	au football.
Les amis vont	donner	notre voiture.
Elles vont	jouer	mon ami.
Elle va	boire	un cadeau à sa mère.

1) ....

2) ....

3) ....

4) ....

5) ....

6) ....

7) ....

8) ....

11. *Look at the two tables below. From table A produce six questions and find the answers concealed in table B. Write your questions and answers in the spaces provided:*

Qu'est-ce qu'	on	va	faire demain? manger ce soir? voir cet après-midi? boire après? acheter aujourd'hui? lire ce matin?

On	va	boire manger acheter lire faire voir	du bifteck ce soir. du vin rouge après. un bon film cet après-midi. du travail demain. un journal ce matin. des fruits et des légumes aujourd'hui.

1) Qn: ....

   Ans: ....

2) Qn: ....

   Ans: ....

3) Qn: ....

   Ans: ....

4) Qn: ....

   Ans: ....

5) Qn: ....

   Ans: ....

6) Qn: ....

   Ans: ....

12. Vouloir – *to wish/want to*
Pouvoir – *to be able to*

In the following questions and answers, tick the form of the verb which is correct:

1) Est-ce que tu veut .... venir?
             veux ....

   – Non, je ne peut .... pas.
               peux ....

2) Ils veulent ·· aller au cinéma?
     voulons ··

   – Non, ils ne pouvons .... pas.
              peuvent ....

3) Elle veux .... acheter ce disque?
      veut ....

   – Non, elle ne peux .... pas.
             peut ....

4) Est-ce qu'elles voulons .... partir?
           veulent ....

   – Non, elles ne pouvons .... pas.
            peuvent ....

5) Il veux .... me voir?
    veut ....

   – Non, il ne peut .... pas.
           peux ....

6) Et si nous veulent .... rester?
        voulons ....

   – Non, nous ne pouvez .... pas.
           pouvons ....

7) Vous voulez ·· voir M. Robert?
      veulent ....

   – Je regrette, vous ne pouvez .... pas.
                peuvent ....

8) Elles voulons .... fumer ici?
       veulent ....

   – Non, elles ne peuvent .... pas.
            pouvons ....

3) Qn: ....

   Ans: ....

4) Qn: ....

   Ans: ....

5) Qn: ....

   Ans: ....

6) Qn: ....

   Ans: ....

1. Write each number down in letters:

1) 1 . . . .   6) 6 . . . .

    10 . . . .   16 . . . .

    11 . . . .   60 . . . .

2) 2 . . . .   7) 7 . . . .

    12 . . . .   17 . . . .

    20 . . . .   27 . . . .

3) 3 . . . .   8) 8 . . . .

    13 . . . .   18 . . . .

    30 . . . .   28 . . . .

4) 4 . . . .   9) 9 . . . .

    14 . . . .   19 . . . .

    40 . . . .   29 . . . .

5) 5 . . . .   10) 100 . . . .

    15 . . . .   1000 . . . .

    50 . . . .

2. Complete the following sentences as shown in the example below:
Example 2 Prenez la **deuxième** rue à gauche.

1) *3* Prenez la . . . . rue à gauche.

2) *1* Prenez la . . . . rue à droite.

3) *4* Prenez la . . . . rue à gauche.

4) *5* Prenez la . . . . rue à droite.

5) *6* Prenez la . . . . rue à gauche.

J'habite la troisième rue à droite après la carrefour.

Alors, à sept heures trente ce soir!

3. Write down the answers to these calculations in French:
Example 2 + 3 = **cinq**

1) 4 + 6 = ...

2) 5 + 3 = ...

3) 8 + 4 = ...

4) 11 + 8 = ...

5) 16 − 11 = ...

6) 42 − 18 = ...

7) 63 − 14 = ...

8) 100 − 36 = ...

9) 29 + 31 = ...

10) 19 + 27 = ...

4. Write down the answers to these calculations in French:

1) Deux et deux font . . . .

2) Dix et onze font . . . .

3) Vingt et trois font . . . .

4) Trente-trois et trente-trois font . . . .

5) Quarante et vingt-deux font . . . .

6) Seize et six font . . . .

7) Neuf et vingt-sept font . . . .

8) Dix-huit et six font . . . .

9) Soixante-trois moins neuf font . . . .

10) Quatre-vingt moins soixante font . . . .

11) Onze moins neuf font . . . .

12) Quarante-six moins treize font . . . .

13) Soixante-dix moins onze font . . . .

14) Soixante-seize moins trente font . . . .

15) Quatre-vingt-dix moins neuf font . . . .

TELLING THE TIME

5. *Write the correct time in French words against each clock face below:*

1) Il est ....

2) Il est ....

3) Il est ....

4) Il est ....

5) Il est ....

6) Il est ....

7) Il est ....

8) Il est ....

9) Il est ....

10) Il est ....

11) Il est ....

12) Il est ....

6. *Look carefully at the picture of a train, departure board and then answer the questions below in French:*

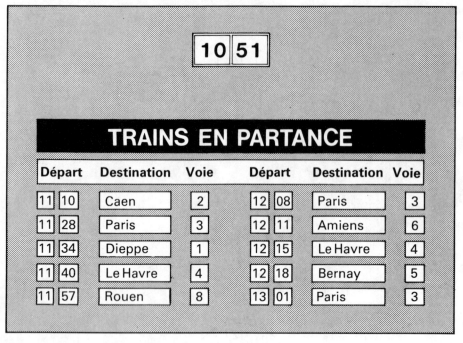

10 | 51

TRAINS EN PARTANCE

Départ	Destination	Voie	Départ	Destination	Voie
11 10	Caen	2	12 08	Paris	3
11 28	Paris	3	12 11	Amiens	6
11 34	Dieppe	1	12 15	Le Havre	4
11 40	Le Havre	4	12 18	Bernay	5
11 57	Rouen	8	13 01	Paris	3

1. Il est maintenant onze heures moins neuf. Vous allez à Paris.
   A quelle heure partez-vous?

   . . . .

2. Vous allez à Caen, et il est maintenant onze heures cinq. Combien de temps avez-vous avant le départ de votre train?

   . . . .

3. Vous allez à Dieppe. A quelle heure partez-vous?

   . . . .

4. Le voyage au Havre prend deux heures vingt minutes. Si vous partez à midi et quart, à quelle heure y arriverez-vous?

   . . . .

5. Vous allez à Amiens. A quelle heure partez-vous?

   . . . .

6. Vous allez à Caen. A quelle heure part le train?

   . . . .

7. Vous prenez le train de midi dix-huit pour Bernay. Combien de temps devez-vous attendre si vous arrivez à la gare à midi moins dix?

   . . . .

8. S'il faut trois heures cinq minutes pour aller à Paris et vous prenez le train de treize heures une minute, à quelle heure y arriverez-vous?

   . . . .

9. Vous allez au Havre. Si vous manquez le train de onze heures quarante, à quelle heure partirez-vous?

   . . . .

10. Vous allez à Rouen. A quelle heure partez-vous?

   . . . .

DAYS OF THE WEEK

1. *Translate into French the days of the week. They are listed in random order in the box below:*

1) Monday ....

2) Tuesday ....

3) Wednesday ....

4) Thursday ....

5) Friday ....

6) Saturday ....

7) Sunday ....

```
samedi  jeudi  lundi  dimanche
mercredi  mardi  vendredi
```

2. *Translate these sentences into English:*

1) Il arrive mardi matin.

....

2) J'y vais lundi soir.

....

3) On va au cinéma le samedi après-midi.

....

4) Vendredi dernier il est parti pour Paris.

....

5) Venez me voir jeudi prochain.

....

6) Tous les samedis il joue au football.

....

7) Il va à l'église chaque dimanche.

....

8) Il commence ses vacances jeudi, le huit.

....

9) Quel jour de la semaine sommes-nous?

....

10) Nous sommes vendredi aujourd'hui.

....

MONTHS OF THE YEAR

3. *Translate into French the months of the year. They are listed in random order in the box below:*

1) January ....

2) February ....

3) March ....

4) April ....

5) May ....

6) June ....

7) July ....

8) August ....

9) September ....

10) October ....

11) November ....

12) December ....

```
juin  décembre  février  octobre
mars  juillet  janvier  avril
novembre  mai  septembre  août
```

4. *Translate these sentences into English:*

1) En décembre il fait froid.

....

2) Mon anniversaire est en avril.

....

3) Il arrive mardi, le premier juin.

....

4) Le quatorze juillet est la fête nat

....

Some, any
Je bois **du** vin.
Elle achète **de la** crème.
Il boit **de l'**eau.
Elle coupe **des** fleurs.
Avez-vous **des** fleurs?
Je n'ai pas **de** chaussures.

1. Complete these pairs of statements along the lines of the example:
Example Le vin rouge est bon.
– Alors, donnez-moi du vin rouge.

1) La viande est bonne.

– Alors, ...

2) La soupe est bonne.

Alors, ...

3) Le jambon est délicieux.

–Alors, ...

4) La salade est prête.

– Alors, ...

5) Le fromage est excellent.

– Alors, ...

6) La limonade est délicieuse.

– Alors, ...

7) Le café est chaud.

– Alors, ...

8) La crème est fraîche.

– Alors, ...

Je vais acheter du parfum pour Brigitte.

2. Tick the correct form of the partitive article in these sentences:

de l'...
1) Elle met du ... ail dans la salade.
de la ...
de ...

2) Il y a des ... assiettes dans le placard.
du ...
de l' ...

3) Y a-t-il de ... pain dans le panier?
du ...
des ...

4) Il y a de ... hommes dans la rue.
du ...
de ...

5) Elle met du ... eau minérale sur la table.
de l' ...
de ...

6) Est-ce qu'il y a du ... fromage?
de la ...
du ...

7) Tu veux de ... carottes?
des ...
de la ...

8) Quand il a soif, il boit du ... bière.
de l' ...
de la ..

9) Donnez-moi de l' ... eau.
de ...

3. **De after a negative.**
Complete the answers to these questions:

1) Est-ce qu'il y a du lait?

– Non, je regrette ....
2) Il a beaucoup d'argent?

– Non, il n'a pas ....
3) Tu prends de la viande?

– Non, je ....
4) Vous avez des croissants?

– Non, je ....
5) Je peux avoir de l'eau, s'il vous plaît?

– Non, il ne reste pas ....

4. *Translate these sentences into French:*
1) Have you any shoes?

....

2) Give me some bread.

....

3) She always puts garlic in the salad.

....

4) I have no brothers.

....

5) They haven't any money.

....

6) He wants some cream.

....

5. *De* **plus the definite article**

du
de la   *of the* ......
de l'   *from the* ......
des   *of* ......
de
C'est la cravate **de** Pierre.
C'est le père **du** garçon blessé.
C'est une photo **de la** femme que vous cherchez.
C'est le boulevard **des** Anglais.
Il vient **de** France.

Insert the correct form of du, de la etc.:

1) Il a reçu un coup de téléphone ...... police.

2) C'est la voiture ...... Monsieur Lagarde.

3) C'est le sac ...... dame blonde.

4) Devant vous, vous voyez la grande porte

   ...... château.

5) Le prix ...... essence est à quatre francs le litre.

6) En automne les feuilles tombent ...... arbres.

7) Quand on est vieux, le bruit ...... enfants est ennuyeux.

6. *De* **after expressions of quantity**
Translate into English:

1) Il y a **beaucoup de fleurs** dans son jardin.

....

2) J'ai mangé **assez de viande.**

....

3) Il te doit **combien d'argent?**

....

4) Donnez-moi **un peu** de pain.

....

5) Je voudrais **une bouteille de vin** blanc.

....

6) Il achète trop de vêtements.

....

7) Il y a moins de nuages maintenant.

....

8) Elle a beaucoup d'amis.

....

7. *A* **plus the definite article**

à
au   *to* ......
à l'   *to the* ......
à la   *at* ......
aux   *at the* ......

Fill in the gaps with the appropriate form of **à, au, à la,** *etc.:*

1) On va ...... cinéma ce soir.

2) Demain il va ...... Paris.

3) J'ai donné ton adresse ...... amis.

4) Donnez votre billet ...... dame.

5) Le dimanche je vais toujours ...... église.

6) Je l'ai vu ...... gare.

7) Il n'a pas répondu ...... professeur.

8) Ce soir je reste ...... maison.

9) Elle a téléphoné ...... police.

10) On achète les timbres ...... bureau de poste.

	masculine	*feminine*
singular	grand	grande
grand	grands	grandes

1. *Underline the adjective(s) in the following sentences – underline also the word(s) described by the adjective(s). Use a red pen for feminine nouns and blue for masculine nouns if you can:*

1) Le bureau est ouvert.
2) L'appartement est trop petit.
3) Il vend la vieille auto noire.
4) Nous avons un petit jardin carré.
5) Arles est un centre charmant et pittoresque.
6) Le musée contient beaucoup d'objets intéressants.
7) C'est la petite dame au chapeau rouge.
8) Le gros monsieur porte une cravate bleue.
9) Les grands magasins sont toujours fermés le dimanche.
10) Elle a acheté deux belles robes d'été.

2. Irregular adjectives
Write the feminine singular form of each adjective below:

1) bon   . . . .

2) vieux   . . . .

3) frais   . . . .

4) nouveau   . . . .

5) blanc   . . . .

6) beau   . . . .

7) gros   . . . .

8) neuf   . . . .

Moi, je suis beau et musclé – cet Henri est un garçon chétif.

3. *Complete the sentences below by selecting the appropriate adjective from the box provided:*

1) Ses cheveux sont trop . . . .

2) Sa mère n'est pas . . . .

3) Sa sœur porte une jupe . . . .

4) Je me suis acheté un chemisier

. . . .

5) Voulez-vous écouter mes . . . . disques?

6) Marie aime être . . . .

7) Les repas ici sont toujours . . . .

8) Les . . . . vacances commencent demain.

9) Mes amies . . . . arrivent demain.

10) Attention, les assiettes sont . . . .

françaises	chaudes	longs
grandes	contente	mauvais	bleu
élégante	nouveaux	neuve

4. Adjectives of nationality
Complete these sentences as shown in the example below:
Example Il vient d'Angleterre
            Il est **anglais.**

1) Elle habite la France.

   Elle est . . . .
2) Il est né en Espagne.

   Il est . . . .
3) Je suis né à Rome.

   Je suis . . . .
4) Il vient d'Edimbourg.

   Il est . . . .
5) Ils sont nés en Allemagne.

   Ils sont . . . .
6) Elle est née au Portugal.

   Elle est . . . .
7) Elles viennent des Etats Unis.

   Elles sont . . . .
8) Elle est née en Autriche.

   Elle est . . . .
9) Il habite la Russie.

   Il est . . . .

5. Position of adjectives

Complete these sentences by writing in the adjective given in brackets in the correct position:

1) Il a écrit un .... livre .... (intéressant)

2) C'est une .... fille .... (jolie)

3) Il a un .... jardin .... (beau)

4) On a acheté une .... maison .... (magnifique)

5) Il y a un .... château .... à Rouen (vieux)

6) Tu connais cette .... femme ....? (jeune)

7) Peut-on acheter un .... journal ....? (anglais)

8) Donnez-moi une .... bouteille .... (autre)

9) C'est une très .... idée .... (bonne)

10) J'aime beaucoup ta .... robe .... , (rouge)

6. Demonstrative adjectives (ce/cet, cette, ces)

Rewrite these sentences as shown in the example:
Example Voilà un homme riche.
– Cet homme est riche.

1) Voilà une grande maison.

– ....

2) Voilà un beau magasin.

– ....

3) Voilà de belles fleurs.

– ....

4) Voilà un petit hôtel.

– ....

5) Voilà un bon café.

– ....

6) Voilà une grosse femme.

....

7) Voilà un mauvais restaurant.

– ....

8) Voilà des garçons intelligents.

– ....

7. Possessive adjectives (mon, ma, mes etc.)

Fill in the answers to these questions, as shown in the example:
Example C'est ton frère?
– Oui, c'est mon frère.

1) C'est ta maison, Philippe?

– Oui, ...

2) C'est mon verre, Henri?

– Oui, ...

3) C'est ma place, monsieur?

– Oui, ...

4) C'est votre disque, messieurs?

– Oui, ...

5) C'est leur voiture?

– Oui, ...

6) C'est ma robe, maman?

– Oui, ...

8.

Read this passage carefully, and underline each adjective you can find (there are fourteen altogether).

Devant le poste de police, Paul et Henri se sont arrêtés pour regarder une affiche murale qui montrait un homme recherché par la police. C'était le criminel dangereux, Jules Martin. Il avait trente ans et était de taille moyenne. Il avait les yeux marrons, les cheveux noirs coupés en brosse et une petite barbe pointue. D'habitude il portait un veston gris, un pantalon noir, une chemise blanche et une cravate rouge. La police offrait une récompense de mille nouveaux francs pour sa capture. Les garçons ont décidé d'être vigilants.

Comprehension

Now answer these questions on the passage as briefly as you can:

1) Où se sont-ils arrêtés, Paul et Henri?

....

2) Qu'est-ce qu'ils regardaient?

....

3) Quel âge avait Jules Martin?

....

4) Est-ce que Martin était grand ou petit?

....

5) Comment étaient ses cheveux?

....

6) Qu'est-ce que les garçons recevraient s'ils le trouvaient?

....

TOUT – ALL

Il a mangé	tout le fromage
	toute la viande
	tous les bonbons
	toutes les pommes de terre

9. *Complete these sentences by writing in the appropriate form of* tout:

1) Il a vendu . . . . ses fruits.

2) On a bu . . . . le vin.

3) Je viens . . . . les jours.

4) Elle a perdu . . . . ses clefs.

5) Il m'a regardé . . . . le temps.

6) Jean a bu . . . . la bière.

7) Ils y ont passé . . . . la matinée.

8) Nous avons manqué . . . . les classes.

9) Je lui ai prêté . . . . mon argent.

10) . . . . les hommes sont paresseux.

10. Common expressions using *tout*
Translate these sentences into English:

1) Il sait tout.

. . . .

2) Tu as tout vu?

. . . .

3) Tout le monde sait cela.

. . . .

4) Tous les deux sont mes amis.

. . . .

5) Il est parti à toute vitesse.

. . . .

6) Venez ici tout de suite.

. . . .

7) Tout à coup il a compris.

. . . .

11. *Rephrase these sentences along the lines of the example below:*
Example Cette histoire est presque entièrement inventée.
Presque toute cette histoire est inventée.

1) Pour la plupart, les soldats sont courageux.

Presque t . . . .

. . . .

2) La plupart des femmes travaillent dur.

Presque t . . . .

. . . .

3) La majorité des enfants font trop de bruit.

Presque t . . . .

. . . .

4) Le monde entier sait que j'ai raison.

T . . . .

. . . .

5) Il a passé sa vie entière dans l'armée.

Il a passé t . . . .

. . . .

6) Il n'y a pas de vaches qui ne mangent pas d'herbe.

T . . . .

. . . .

7) Il n'y a pas d'Anglais qui ne boivent pas le thé.

T . . . .

. . . .

8) Il n'y a pas de Français qui n' aiment pas le vin.

T . . . .

. . . .

9) La plupart des exercices sont faciles.

Presque t . . . .

. . . .

10) La majorité des trains arrivent à l'heure.

Presque t . . . .

. . . .

COMPARISON OF ADJECTIVES

Paul est **plus grand que** Pierre.
Paul is taller than Pierre.

Jean est **moins grand que** David.
Jean is less tall than David.

Marie est **aussi grande que** Jeanne.
Marie is as tall as Jeanne.

Philippe est **le plus grand**.
Philippe is the tallest.

12. Read the following sentences carefully before
    answering the questions on each of them:
    1) Jean a dix francs, Hélène en a vingt et Marie
       a dix francs aussi.
       Hélène est donc plus riche que Jean et Marie;
       Jean est aussi riche que Marie.
       Jean et Marie sont moins riches qu'Hélène;
       Hélène est la plus riche.

       *What will be the situation if Jean gives his
       money to Marie? Tick which of these
       statements you think would then be correct:*

       a) Jean est aussi riche que Marie. ☐
       b) Marie est aussi riche qu'Hélène. ☐
       c) Hélène est moins riche que Marie. ☐
       d) Hélène est plus riche que Jean. ☐
       e) Marie est la plus riche. ☐
       f) Jean est le plus pauvre. ☐
       g) Jean est moins riche qu'Hélène. ☐
       h) Hélène est la plus riche. ☐
       i) Marie et Hélène sont plus riches
          que Jean. ☐
       j) Marie est moins pauvre que Jean. ☐

    2) Pierre a onze ans; Philippe a quatorze ans;
       Maurice et sa sœur ont quinze ans.

       *Tick those statements below which you think
       are correct:*
       a) Philippe est aussi vieux que
          Maurice. ☐
       b) Maurice est plus vieux que Pierre. ☐
       c) La sœur de Maurice est plus
          vieille que Pierre. ☐
       d) Philippe est aussi vieux que
          Maurice. ☐
       e) Pierre est le plus jeune. ☐
       f) Maurice est le plus vieux. ☐
       g) Maurice est aussi vieux que sa
          sœur. ☐
       h) La sœur de Maurice est plus
          vieille que Philippe. ☐
       i) Maurice est moins vieux que sa
          sœur. ☐
       j) Philippe est plus vieux que Pierre. ☐

    3) La voiture de Michel roule à 60 kilomètres à
       l'heure, celle de M. Cauchy à 71 et la
       motocyclette d'Henri à 65 kilomètres à
       l'heure. Ils font tous le même trajet de vingt
       kilomètres.
       *Tick which of the following statements are
       correct.*
       a) Michel roule plus vite que M.
          Cauchy. ☐
       b) M. Cauchy roule plus vite
          qu'Henri. ☐
       c) Henri roule aussi vite que Michel. ☐
       d) Michel roule plus lentement que
          M. Cauchy. ☐
       e) Michel roule moins lentement
          qu'Henri. ☐
       f) Henri roule le plus vite. ☐
       g) M. Cauchy roule le moins
          lentement. ☐
       h) Michel roule le plus lentement. ☐
       i) Michel roule aussi lentement
          qu'Henri. ☐
       j) M. Cauchy arrive le premier. ☐

13. Read each of the following sentences carefully.
    Write 'vrai' against the sentence if you think it is
    correct and 'faux' if you think it is wrong.

    1) L'Angleterre est plus grande
       que la France. . . . .
    2) La Tour Eiffel est plus haute que
       la Tour de Londres. . . . .
    3) Un éléphant est moins lourd
       qu'un lion. . . . .
    4) Le sucre est plus doux que le
       sel. . . . .
    5) En août il fait plus chaud qu'en
       décembre. . . . .
    6) Un train ne roule pas aussi vite
       qu'une bicyclette. . . . .
    7) Marseille est plus proche de
       Paris que Rouen. . . . .
    8) Londres est plus loin de Paris
       que Nice. . . . .
    9) La pluie d'été est moins froide
       que la neige. . . . .
    10) Le cognac est plus fort que le
        vin. . . . .

Je suis plus intelligent que Pierre.

5.5 Adjectives

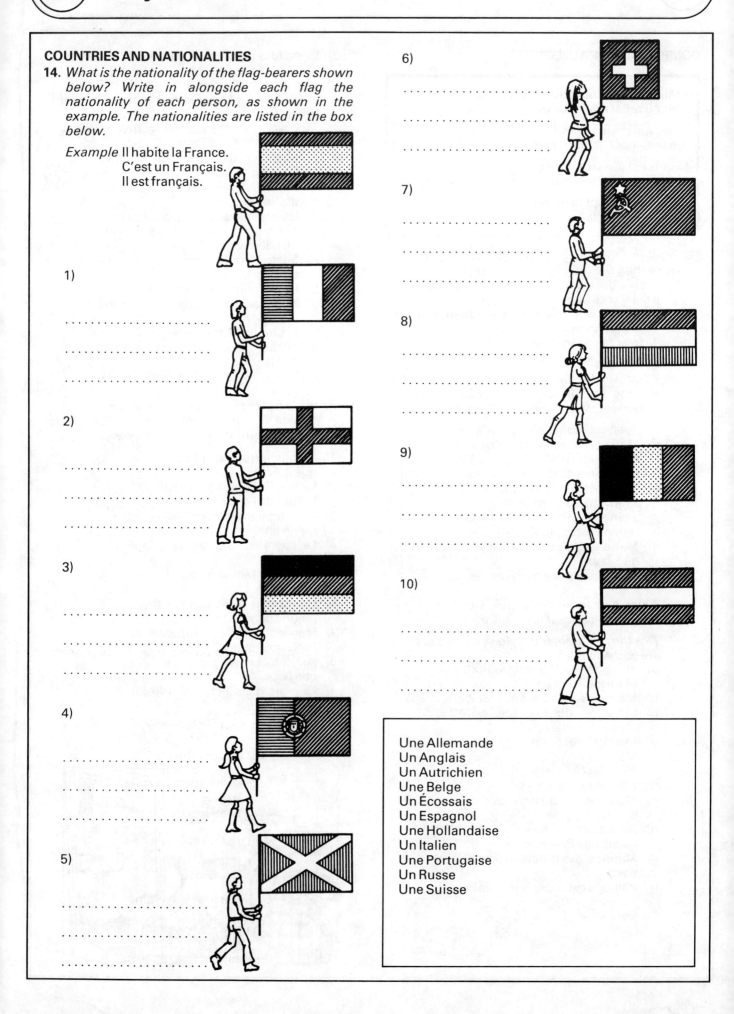

COUNTRIES AND NATIONALITIES

14. *What is the nationality of the flag-bearers shown below? Write in alongside each flag the nationality of each person, as shown in the example. The nationalities are listed in the box below.*

Example Il habite la France.
C'est un Français.
Il est français.

1)

....

....

....

2)

....

....

....

3)

....

....

....

4)

....

....

....

5)

....

....

....

6)

....

....

....

7)

....

....

....

8)

....

....

....

9)

....

....

....

10)

....

....

....

Une Allemande
Un Anglais
Un Autrichien
Une Belge
Un Écossais
Un Espagnol
Une Hollandaise
Un Italien
Une Portugaise
Un Russe
Une Suisse

PERSONAL PRONOUNS

Marie va à l'école. **Elle** va à l'école.
Maurice est Français. **Il** est français.

1. *Complete the sentences with gaps below, using the appropriate pronoun.*

1) Voici M. Leblanc.

   . . . . . . se rase.

2) C'est Anne-Marie.

   . . . . . . boit du lait.

3) Voici M. Lagarde.

   . . . . . . lit son journal.

4) C'est Antoine.

   . . . . . . s'habille à sept heures vingt-cinq.

5) Voici M. et Mme Heulin.

   . . . . . . jouent aux cartes.

6) C'est Marianne.

   . . . . . . regarde la télévision.

7) Voici Mme Lefèvre.

   . . . . . . écrit une lettre.

8) C'est Martine Cauchy.

   . . . . . . fait la vaisselle.

9) Voici Philippe.

   . . . . . . se lave dans la salle de bains.

10) Voici Claude et sa mère.

   . . . . . . mangent leur déjeuner.

11) C'est Jean-Paul.

   . . . . . . se réveille à sept heures et demie.

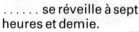

2. *Start each sentence below with an appropriate pronoun:*

1) . . . . . . prenons le train.

2) . . . . . vais au cinéma ce soir.

3) . . . . . es la sœur de Philippe?

4) . . . . . achète une nouvelle robe.

5) . . . . . aime beaucoup sa femme.

6) . . . . . sont très contentes de vous.

7) . . . . . regardez la télévision.

8) . . . . . se rasent tous les matins.

9) . . . . . répare ma bicyclette.

10) . . . . . . donnes la bonne réponse.

Pronouns (1)

DIRECT OBJECT PRONOUNS

> Tu vois **le château?** – Oui, je **le** vois.
> Tu chantes **la chanson?** – Oui, je **la** chante.
> Vous aimez **les Français?** – Oui, je **les** aime.

3. *Replace the noun in these sentences with the correct pronoun:*
   Example   Tu aimes **le chou?**
                Oui, je **l'**aime.

   1) Vous regardez la télévision?

      – Oui, je . . . . . . regarde.
   2) Vous comprenez la question?

      – Oui, je . . . . . . comprends.
   3) Il ouvre la fenêtre?

      – Oui, il . . . . . . ouvre.
   4) Elle mange le fromage?

      – Oui, elle . . . . . . mange.
   5) Tu prends les haricots verts?

      – Oui, je . . . . . . prends.
   6) Vous attendez l'autobus?

      – Oui, nous . . . . . . attendons.
   7) Aimez-vous ma robe bleue?

      – Oui, je . . . . . . aime.
   8) Tu connais sa sœur?

      – Oui, je . . . . . . connais.
   9) Vous détestez ce vin?

      – Oui, je . . . . . déteste.
   10) Tu fais les devoirs?

      – Oui, je . . . . . . fais.

4. *Following the pattern of the example, write down your answer to these questions:*
   Example   Vous **m'**écoutez?
                – Oui, je **vous** écoute.

   1) Tu m'écoutes?

      – Oui, je . . . . . . écoute.
   2) Ça vous étonne?

      – Oui, ça . . . . . . étonne.
   3) Ça t'étonne?

      – Oui, ça . . . . . . étonne.
   4) Vous m'entendez?

      – Oui, je . . . . . . entends.
   5) Tu m'entends?

      – Oui, je . . . . . . entends.
   6) Vous me détestez?

      – Oui, je . . . . . déteste.
   7) Tu me détestes?

      – Oui, je . . . . . déteste.
   8) Vous nous cherchez?

      – Oui, je . . . . . . cherche.
   9) Ils nous cherchent?

      – Oui, ils . . . . . . cherchent.
   10) La robe vous plaît?

      – Oui, elle . . . . . . plaît.

5. **Definitions**
   Guess and write in what object is described:

   1) On le boit souvent en France avec les repas.

      – C'est le . . . .
   2) On l'achète chez le boulanger.

      – C'est le . . . .
   3) On y va pour danser.

      – C'est le . . . .
   4) On le prend à la gare.

      – C'est le . . . .
   5) On la regarde souvent le soir:

      – C'est la . . . .
   6) On les passe souvent au bord de la mer.

      – Ce sont les . . . .
   7) On le regarde au cinéma.

      – C'est le . . . .
   8) On l'écrit à son ami.

      – C'est la . . . .
   9) On l'achète chez le boucher.

      – C'est la . . . .
   10) On les met pour bien voir.

      – Ce sont les . . . .

6. *Answer these questions following the pattern of the example:*

Example Tu aimes **le vin?**
　　　　Non, je ne **l'**aime pas.

1) Tu regardes la télévision?

– Non, je . . . .

2) Tu prends les haricots verts?

– Non, je . . . .

3) Tu écoutes tes disques?

– Non, je . . . .

4) Tu parles bien le français?

– Non, je . . . .

5) Tu attends tes amies?

– Non, je . . . .

6) Tu fais la vaisselle se soir?

– Non, je . . . .

7) Tu mets ton imperméable?

– Non, je . . . .

8) Tu prends le train?

– Non, je . . . .

7. **Direct object:** *en*

> Vous avez **de l'argent?**—Oui, j'**en** ai.
> 　　　　　　　　—Non, je n'**en** ai pas.

After each question below the answer is given in a jumbled form. Write in the answer in the correct order:

1) Vous avez déjà des tickets?
　—ai—j'—en—oui—déjà.

. . . .

2) Est-ce que Marcel boit du café?
　—Marcel—oui—boit—en.

. . . .

3) A-t-il trois sœurs?
　—oui—trois—a—il—en.

. . . .

4) Vous ne mangez pas de fromage?
　—je—n'—pas—mange—en—non.

. . . .

5) Elle a acheté des chaussures?
　—en—oui—acheté—elle—a.

. . . .

6) Elle a reçu des lettres ce matin?
　—a—elle—non—en—reçu—pas—n'.

. . . .

8. **Object pronoun:** *y*

> Vous allez **à la poste**　—Oui, j'**y** vais.
> Il va **à Paris**?　　　　—Non, il n'**y** va pas.
> Elle est allée **à Paris**?　—Oui, elle **y** est allée.

In these sentences, replace the object by the pronoun **y**.

Example: Ils arrivent **au restaurant** pour dîner.
　　　　—Ils **y** arrivent pour dîner.

1) Les amis vont à Paris aujourd'hui.

. . . .

2) L'hôtel se trouve dans la rue principale.

. . . .

3) Comment est-ce que je vais à la gare?

. . . .

4) Le dimanche elle va toujours à l'église.

. . . .

5) Elle a rencontré ses amis au café.

. . . .

6) J'ai mis les valises dans la voiture.

. . . .

7) Vous n'allez pas à l'école aujourd'hui.

. . . .

8) J'ai trouvé mon cahier dans le tiroir.

. . . .

9) Allez-vous à Londres?

. . . .

9. **Agreement of past participle with object pronoun in front of the verb**

Underline the correct form of the past participle in each of the sentences below:

1)　Les tasses? Je les y ai　mises.
　　　　　　　　　　　　mis.
　　　　　　　　　　　　mise.

2)　Les billets? Tu ne me les as pas　données.
　　　　　　　　　　　　　　　donnés.
　　　　　　　　　　　　　　　donnée.

3)　La clef? Elle vous l'a déjà　donnés.
　　　　　　　　　　　　　　donné.
　　　　　　　　　　　　　　donnée.

4)　De l'argent? Je vous en ai déjà　prêtés.
　　　　　　　　　　　　　　　prêtée.
　　　　　　　　　　　　　　　prêté.

5)　Hélène? Vous l'y avez　vus.
　　　　　　　　　　　　vue.
　　　　　　　　　　　　vu.

INDIRECT OBJECT PRONOUNS

Pierre donne la lettre **à Marie**.
Pierre **lui** donne la lettre.

Maman dit bonjour **aux enfants**.
Maman **leur** dit bonjour.

Mon oncle a écrit **à mon frère et moi**.
Mon oncle **nous** a écrit.

10. *Complete the answers to the following questions by filling in the appropriate pronoun in the spaces provided:*

1) Est-ce que vous donnez l'adresse à Michel?

   – Oui, je . . . . donne l'adresse.
2) Est-ce qu'il te dit toujours bonjour?

   – Oui, il . . . . dit toujours bonjour.
3) Est-ce que vos parents ont reçu une lettre de M. Michaud?

   – Oui, M. Michaud . . . . a écrit.
4) Est-ce que vous avez offert du vin à Marie?

   – Oui, je . . . . ai offert du vin.
5) Nous avons reçu une lettre de Pierre?

   – Oui, il . . . . a écrit.
6) Tu me prêtes de l'argent?

   – Oui, je . . . . prête de l'argent.
7) Vous m'avez déjà parlé de cela?

   – Oui, je . . . . ai déjà parlé de cela.
8) Le garagiste a vendu de l'essence aux touristes?

   – Oui, il . . . . a vendu de l'essence.

11. *Now answer the same questions again, but this time note that the answers are in the negative:*

1) Est-ce que vous donnez l'adresse à Michel?

   – Non, je ne . . . . donne pas l'adresse.
2) Est-ce qu'il te dit toujours bonjour?

   – Non, il ne . . . . jamais bonjour.
3) Est-ce que vos parents ont reçu une lettre de M. Michaud?

   – Non, M. Michaud . . . .

   . . . . écrit.
4) Est-ce que vous avez offert du vin à Marie?

   – Non, je . . . . ai . . . . offert de vin.
5) Nous avons reçu une lettre de Pierre?

   – Non, il . . . .

   . . . . écrit.
6) Tu me prêtes de l'argent?

   – Non, je . . . . pas d'argent.
7) Vous m'avez déjà parlé de cela?

   – Non, je . . . . jamais parlé de cela.
8) Le garagiste a vendu de l'essence aux touristes?

   – Non, il . . . . vendu d'essence.

12. Use with the imperative
Replace the indirect object by a pronoun as in the example:
Example **Je** n'ai pas de vin – donnez-**moi** du vin!

1) Paul n'a pas d'argent –

   donnez– . . . . de l'argent!
2) Elle n'a pas de pain –

   donnez– . . . . du pain!
3) Nous n'avons pas de café –

   donnez– . . . . du café!
4) Ils n'ont pas de livres –

   donnez– . . . . des livres!
5) Je n'ai pas de papier –

   donnez– . . . . du papier!

13. Negative commands
Make the following commands negative, as shown in the example below:
Example   Donnez-**moi** du vin!
         – Ne **me** donnez pas de vin!

1) Donnez-lui de l'argent!

    – Ne . . . . donnez pas d'argent!
2) Montrez-leur la lettre!

    – Ne . . . . la lettre!
3) Donnez-nous du café!

    – Ne . . . . de café!
4) Ecrivez-nous la semaine prochaine!

    Ne . . . . la semaine prochaine!
5) Téléphonez-moi ce soir!

    – Ne . . . . ce soir!

ORDER OF PRONOUNS – DIRECT AND INDIRECT

14. *Replace the objects in the following sentences with the appropriate pronouns:*
Example C'est sa tante qui a envoyé **le cadeau à Michel?**
         – Oui, sa tante **le lui** a envoyé.

1) Est-ce que Philippe donne **le billet au conducteur?**

   Oui, Philippe . . . . donne.
2) Tu as donné **l'argent aux enfants?**

   – Oui, je . . . . ai donné.
3) Vous avez envoyé **la lettre à Suzanne?**

   – Oui, je . . . . ai envoyée.
4) Est-ce que vous **me** donnez **ces livres?**

   – Oui, je . . . . donne.
5) C'est Anne qui **nous** a envoyé **ces fleurs?**

   – Oui, Anne . . . . a envoyées.
6) Tu as envoyé **les lettres aux enfants?**

   Oui, je . . . . ai envoyées.
7) Tu **me** prêtes **ta cravate?**

   – Oui, je . . . . prête.
8) Je **vous** ai promis **le billet?**

   – Oui, vous . . . . avez promis.
9) C'est papa qui **me** donne ces cadeaux, maman?

   – Oui, papa . . . . donne.
10) Vous vendrez **votre voiture à Monique?**

    – Oui, je . . . . vends.

15. *Rewrite these sentences in the negative:*
Example   Ils nous l'ont donné.
          – Ils **ne** nous l'ont **pas** donné.

1) Sa tante la lui a envoyée.

   . . . .
2) Je le leur ai donné.

   . . . .
3) Je te l'ai offerte.

   . . . .
4) Elle la lui donne.

   . . . .
5) Je les leur vends.

   . . . .
6) Je vous les envoie.

   . . . .
7) Donnez-le-moi!

   . . . .
8) Offrez-la -leur!

   . . . .
9) Envoyez-le-lui!

   . . . .
10) Prêtez-la-nous!

    . . . .

16. *Answer the questions as shown in the examples below:*
Examples   Vous avez vu **Jean à la gare?**
           – Oui, je **l'y** ai vu.

           Vous avez offert **du vin à Marie?**
           – Oui, je **lui** en ai offert.

1) Tu m'as vu au cinéma hier soir?

    – Oui, je . . . . ai vu hier soir.
2) Tu m'as acheté du fromage?

    – Oui, je . . . . ai acheté.
3) Tu as envoyé des roses à ta femme?

    – Oui, je
4) Il a laissé ses gants à la maison?

    – Oui, il
5) Elle a prêté de l'argent à Jean?

    – Oui, elle . . . .

je **ne** travaille **pas**	*not*
il **ne** vient **jamais**	*never*
elle **n'a rien** mangé	*nothing*
je **ne** vois **personne**	
personne n'était là	*nobody*
je **n'**y vais **plus**	*no more*

1. Answer these questions as shown in the example:

Example   Vous allez à Paris?
– Non, je **ne** vais **pas** à Paris.

1) Vous aimez le fromage?

– Non, ...

2) Il fait chaud aujourd'hui?

– Non, ...

3) Vous habitez Londres?

– Non, ...

4) Vous êtes allé en France?

– Non, ...

5) Vous êtes venu en voiture?

– Non, ...

6) Vous avez bien travaillé?

– Non, ...

7) Vous avez compris la question?

– Non, ...

9) Vous vous levez de bonne heure?

– Non, ...

2. Read each of the sentences below. If you think the statement is true, write vrai alongside – if false, write faux.

1) Il ne pleut jamais en Angleterre.   ....

2) Il ne neige jamais en août.   ....

3) Les Anglais ne boivent jamais de vin.   ....

4) On ne doit jamais fumer à l'école.   ....

5) En Angleterre on ne conduit jamais à droite.   ....

6) Les parents ne sont jamais impatients.   ....

7) Il ne faut jamais boire beaucoup avant de conduire.   ....

8) Les enfants ne sont jamais impolis.   ....

9) En France il ne faut jamais conduire à droite.   ....

10) Les éléphants n'oublient jamais!   ....

3. Using the phrases below, make a list of things you never do!

Example   Manger en classe.
– Je **ne** mange **jamais** en classe!

1) Regarder la télévision après dix heures.

....

2) Etre méchant avec les animaux.

....

3) Etre impoli aux adultes.

....

4) Traverser la rue sans regarder.

....

5) Parler avec quelquechose dans la bouche.

....

6) Arriver en retard pour un rendez-vous.

....

7) Jouer au cricket en décembre.

....

8) Oublier de faire mes devoirs.

....

9) Rouler à bicyclette sur le trottoir.

....

4. *Answer the questions as shown in the example:*
Example Qu'est-ce que tu dis?
– Je **ne** dis **rien.**

1) Qu'est-ce que tu vois?

....

2) Qu'est-ce que tu fais?

....

3) Qu'est-ce que tu achètes?

....

4) Que voulez-vous?

....

5) Que mangez-vous?

....

6) Que buvez-vous?

....

7) Que regardez-vous?

....

8) Qu'est-ce que tu entends?

....

9) Qu'as-tu vu?

....

10) Qu'est-ce que tu as dit?

....

5. *Choose an appropriate answer from the box provided for each of the questions below. Write against each question the letter of the answer you select:*

1) Il vous a donné quelquechose? ......
2) Qu'est-ce qu'on vous a dit? ......
3) Vous êtes déjà allé en France? ......
4) Tu vas souvent au théâtre? ......
5) Qu'as-tu vu? ......
6) Qui vous attendait? ......
7) Qu'est-ce qui est arrivé? ......
8) Qui as-tu vu? ......
9) Qu'a-t-il dit? ......
10) Vous le voyez souvent? ......

---

a) Personne ne m'attendait.
b) Je n'ai rien vu.
c) Il n'a rien dit.
d) On ne m'a rien dit.
e) Je ne le vois plus.
f) Il ne m'a rien donné.
g) Je n'y vais jamais.
h) Je n'y suis jamais allé.
i) Rien n'est arrivé.
j) Je n'ai vu personne.

---

6. *For each of the sections below, answer the questions along the lines of the examples given:*
Example Vous allez toujours à l'école?
– Non, je **ne** vais **plus** à l'école.

1) Tu habites toujours Amiens?

– Non, ...

2) Elle pleure toujours?

– Non, ...

3) Il neige toujours?

– Non, ...

4) Elle est toujours dans sa chambre?

– Non, ...

5) Il vous écrit toujours?

– Non, ...

Examples Tu vois quelqu'un?
– Non, je ne vois personne.
Qui est là?
– Personne n'est là.

6) Qui frappe à la porte?

– ....

7) Qui a dit ça?

– ....

8) Tu entends quelqu'un?

– ....

9) Qui regardez-vous?

– ....

10) Vous attendez quelqu'un?

– ....

> J'**ai regardé** la télévision hier soir.
> Il **est allé** à Paris mardi dernier.
> Elle **s'est levée** de bonne heure.

1. *Fill in the gaps in these sentences with the appropriate part of* **avoir**:

1) Il . . . . regardé la télévision hier soir.

2) . . . . -vous vu M. Lagarde ce matin?

3) Elle . . . . téléphoné cet après-midi.

4) Nous . . . . mangé un bon repas à midi.

5) Ils . . . . passé leurs vacances en France.

6) Où . . . . -elles acheté ce parfum?

7) J' . . . . oublié mon imperméable.

8) Tu . . . . trouvé ton passeport.

9) Vous . . . . fini votre travail?

10) On . . . . reçu une lettre de Marie.

2. *Fill in the gaps in these sentences with the appropriate part of* **être**:

1) Ils . . . . partis à huit heures.

2) Elle . . . . déjà sortie.

3) Nous . . . . arrivés de bonne heure.

4) Je . . . . tombé malade.

5) . . . . -tu allé en ville?

6) Vous . . . . rentré très tard.

7) Elles . . . . venues en voiture.

8) Il . . . . descendu à dix heures.

9) Pourquoi . . . . -tu resté à la maison?

10) Ils . . . . entrés dans le restaurant.

11) Elle . . . . montée à sa chambre.

3. *Write the past participles of each of these verbs in the spaces provided:*

1) boire . . . .

2) prendre . . . .

3) mettre . . . .

4) avoir . . . .

5) être . . . .

6) descendre . . . .

7) pouvoir . . . .

8) pleuvoir . . . .

9) recevoir . . . .

10) vendre . . . .

4. *Complete these sentences by choosing an appropriate verb from the box below. Use each verb once only:*

1) Marie . . . . d'une jolie robe.

2) Nous . . . . très tard.

3) Papa . . . . dans son fauteuil.

4) Dominique . . . . la tête ce matin.

5) Tous les jeunes . . . . de bonne heure.

6) Je . . . . avec un rasoir électrique.

7) Vous . . . . dans la glace.

8) Tu . . . . vers la gare.

s'est assis	se sont couchés
t'es dépêché	s'est habillée
vous êtes regardés	me suis rasé
nous sommes réveillés	s'est lavée

5. *Complete these sentences by choosing an appropriate past participle from the box:*

1)	Marie	est	. . . .	de la maison.
2)	Claude	est	. . . .	à la piscine
3)	Il	est	. . . .	à huit heures moins quart.
4)	Elle	est	. . . .	à sa chambre.
5)	Les hommes	sont	. . . .	en autobus.
6)	Michel	est	. . . .	à temps.
7)	Ils	sont	. . . .	dans la maison.
8)	Elles	sont	. . . .	à cinq heures dix.

sortie
entrés
arrivées
allée
allé
parti
arrivé
venus

6. *Read the following sentences and say whether they are spoken to a man or men, or to a woman or women:*

1) Tu es arrivé à temps? . . . .

2) Vous êtes descendue trop tard. . . . . . .

3) Vous êtes allés à Paris. . . . .

4) Tu es montée à ta chambre. . . . .

5) Vous êtes sorties de la maison. . . . . . .

6) Vous êtes entré dans la gare. . . . .

7) Tu es parti à quelle heure? . . . .

8) Vous êtes venue à l'école à bicyclette?

7. *Write out this passage, putting the verbs in heavy type in the perfect tense. Assume that the writer is a girl.*

Je **vais** en ville avec maman. Naturellement nous nous **amusons** bien dans les magasins. Moi, je ne **perds** pas mon temps – j'**achète** des jeans neufs et un chemisier magnifique. Maman s'**achète** une jupe neuve et une paire de chaussures. Tout cela ne coûtait pas cher parce que la plupart des magasins faisaient des soldes. Quand nous **rentrons** à la maison, je **montre** mes achats à mon père. D'abord il **dit** que mon pantalon neuf était trop étroit mais enfin il **accepte** que cela m'allait très bien.

. . . .
. . . .
. . . .
. . . .
. . . .
. . . .
. . . .
. . . .
. . . .
. . . .
. . . .

Tu connais l'histoire de l'équipe Saint-Etienne?

Oui, tu me l'as déjà racontée.

Verbs – the perfect tense

8. *Now see if you can make the past participle agree with an object which comes before the verb. Answer these questions using a pronoun instead of the noun object, following the lines of the example:*

Example As-tu vu **Martine** aujourd'hui?

Oui, je l'ai **vue** aujourd'hui.

1) As-tu vu Pierre aujourd'hui?

Oui, je l'ai . . . . aujourd'hui.

2) Avez-vous reconnu cette chanson-là?

Oui, je l'ai . . . . aujourd'hui.

3) A-t-il rencontré la jeune Anglaise?

Oui, il l'a . . . .

4) Avez-vous acheté la guitare à Paris?

Oui, je . . . . à Paris.

5) A-t-elle entendu le bruit?

Oui, elle . . . .

6) Elle a offert le disque à Marie?

Oui, elle . . . .

7) Est-ce que tu as pris ma cravate?

Oui, je . . . .

8) Est-ce que Martine a écrit ces lettres?

Oui, elle . . . .

9) Vous avez mangé les croissants?

Oui, je . . . .

10) Il a rencontré Marie et sa sœur?

Oui, il . . . .

9. *Rewrite the following sentences in the negative, as shown in the example:*

Example J'ai fermé la porte.

Je **n'**ai **pas** fermé la porte.

1) J'ai fermé la porte.

. . . .

2) Vous avez acheté les jeans.

. . . .

3) Tu as parlé au professeur.

. . . .

4) Elle s'est acheté le chemisier.

. . . .

5) Elles sont parties de bonne heure.

. . . .

6) Je me suis regardé dans le miroir.

. . . .

10. *Underline the correct form of the past participle in the sentences below:*

1) Martine s'est   levée / levé / levés   de bonne heure.

2) Mme Cauchy a   achetée / acheté / achetées   une jupe neuve.

3) Tu es   partie / partis / parti   à quelle heure, Pierre?

4) Les trois garçons sont   allées / allés / allé   camper à Clères.

5) La moitié de leurs camarades ont   disparus. / disparu. / disparues.

6) Ils y sont   arrivés / arrivé / arrivés   pour dîner.

7) On m'a   envoyée / envoyé / envoyées   une liste d'hôtels.

8) Ce sont des brochures qui sont   arrivée / arivés / arrivées   ce matin.

9) Les pierres ont   continuées / continués / continué   de tomber.

10) Françoise a   reçue / reçu / reçues   un bloc de pierre en plein visage.

Je me suis bien amusée hier soir – j'ai rendu visite à Pierre.

COMPOSITION ONE
Look carefully at the six pictures below and then complete the story on the next page by filling in the gaps in the accompanying text. Each dash indicates a missing word. The lists of words on the right of each section will help you.

Yorkshire Regional Examinations Board

COMPOSITION OUTLINE
Le déménagement

1. Les Lebrun .... acheté une ....

    .... maison et vendredi .... ils

    .... déménagé. A huit heures

    ...., les ouvriers ....

    arrivés et .... commencé à mettre tous

    .... dans leur ....

    ....

les meubles	ont
ont	sont
dernier	du matin
plus grande	ont
grand camion	

2. Deux heures .... le camion

    .... parti et la famille .... montée

    dans la voiture et .... suivi le camion à

    leur .... adresse. Ils avaient .... si

    .... que personne n'.......... remar-

    qué que Minet, le chat, était ....

    .... à la fenêtre et ....

    .... la famille.

est	a
partir	est
avait	regardait
été	occupés
tristement	toujours
plus tard	nouvelle
assis	

3. A la .... maison, ... la famille

    .... aidé les ouvriers et le .... était

    .... déchargé.

camion	vite
toute	nouvelle
a	

4. A .... heures ...., la famille .... assise dans la .... et .... une tasse de café. ...., Mme Lebrun .... souvenu du chat. '.......... est le chat? Nous .... Minet!'

Où	buvait
cuisine	vingt
avons oublié	Soudain
s'est	quatre
était	

5. Anne, la .... fille, ... très .... et .... comme Papa .... parti chercher le chat.

pleurait	inquiète
est	était
petite	

6. .... heures ...., M. Lebrun .... revenu. Dans ses .... était Minet. ...., surtout le chat, ... maintenant très ....

était	est
plus tard	tout le monde
content	plusieurs
bras	

COMPOSITION TWO

Look carefully at the six pictures below and then complete the story by filling in the gaps in the text. The words on the right will help you.

West Midlands Examinations Board

9.3 Compositions

COMPOSITION OUTLINE
Un pique-nique désastreux

1) Un . . . . jour . . . . les vacances, Paul et Yvonne ont . . . . de . . . . une excursion à bicyclette. Ils sont . . . . de . . . . heure et vers . . . . sont . . . . à un joli . . . . à la campagne.

bonne	midi
endroit	partis
beau	pendant
arrivés	décidé
faire	

2) Tous les . . . . avaient . . . . et ils se sont . . . . pour prendre leur . . . . dans un champ . . . . la rivière. Attaché à un arbre il y . . . . un panneau que les amis n'ont pas . . . . qui . . . . qu'il était . . . . de pique-niquer dans ce champ-là.

annonçait	avait
déjeuner	à côté de
vu	ârretés
deux	
défendu	
faim	

3) . . . . il faisait très . . . ., Paul a . . . . pendant qu'Yvonne a . . . . les sandwichs et leur . . . .

préparé	chaud
boisson	nagé
puisqu'	

4) Tout d'un coup Paul, dans la rivière, a . . . . les cris . . . . de son . . . . Il y . . . . un taureau dans le champ!

avait	d'alarme
entendu	
amie	

5) . . . . que Paul, ... debout dans l'eau, ... l'attention du taureau, Yvonne est . . . . en . . . . chercher le . . . .

partie	courant
pendant	fermier
toujours	attirait

6) Le fermier et son chien sont vite . . . . . . et ont . . . . l'animal dans un autre champ— mais . . . . le taureau avait . . . . leur pique-nique. . . . . il . . . . toujours une . . . . de limonade que Paul a . . . . à la . . . . Yvonne.

Heureusement	ruiné
offerte	restait
malheureusement	
pauvre	
mené	
arrivés	
bouteille	

Quand je suis arrivé, ils **regardaient** la télévision. *When I arrived they* **were watching** *television.*
De qui **parliez**–vous?
Of whom **were** *you* **speaking**?
Tous les samedis il **allait** au cinéma.
Every Saturday he **used to go** *to the pictures.*

1. *Fill in the endings for the verbs in the following sentences:*

   1) Elle ét . . . . trop jeune.

   2) A neuf heures je regard . . . . la télévision.

   3) Mon père travaill . . . . à la gare.

   4) Chaque dimanche elles all . . . . à la messe.

   5) Je n'av . . . . pas le temps de faire la vaisselle.

   6) On dis . . . . toujours bonjour à la concierge.

   7) Elle pren . . . . souvent l'autobus de six heures.

   8) Ils ne sav . . . . que faire.

   9) D'habitude nous finiss . . . . le travail à sept heures.

   10) Que dis . . . . –vous à Pierre?

2. *The* **imperfect** *tense describes* **continuous** *or* **repeated** *actions in the past. The* **perfect** *tense is used to indicate* **completed** *actions in the past. These sentences contain two verbs. Underline the one which would be in the* **imperfect** *in French:*

   1) I met my wife when she was a student.
   2) I rang him last night but he was out.
   3) When I was in Paris I used to speak French.
   4) She went to Dijon when she was eighteen.
   5) Before she got married she used to work in a hospital.
   6) I was able to finish the work before I left.
   7) You were thirsty so you went into a café.
   8) She was wearing glasses so I didn't recognise her.
   9) Since it was raining they decided to go home.
   10) They used to live in Nice before they moved to Marseille.

3. *Underline all the verbs in this passage which are in the imperfect tense:*

   Au printemps M. Duclos travaillait dans son jardin potager, dont il était très fier. Il passait une heure par jour à arracher les mauvaises herbes qui poussaient partout. Chaque année, après avoir bêché la terre, il cultivait des légumes de toute espèce. Mme Duclos s'asseyait souvent sous le pommier et cousait ou tricotait pendant que son mari semait les graines. Les fils aidaient parfois leur père, mais ils ne distinguaient pas toujours les plantes des mauvaises herbes et ils arrachaient souvent les plantes que leur père venait de planter.

4. *Complete these sentences by choosing a suitable verb from the list in the box below:*

   1) Elle ne . . . . pas son travail avant six heures.

   2) Ce n' . . . . pas de ma faute.

   3) Il . . . . toujours un citron pressé.

   4) Avant, elle . . . . dans un bureau.

   5) En août il . . . . très chaud.

   6) Nous . . . . le train de trois heures.

   7) J' . . . . souvent au cinéma avec lui.

   8) Qu'est-ce qu'ils . . . . ?

   9) Il y . . . . beaucoup de gens au café.

   10) Tu . . . . tout le temps avec Christine.

allais dansais attendions finissait avait était faisait voulaient travaillait buvait

5. *Complete the passage below by putting the bracketed verbs into either the perfect or the imperfect tense, as appropriate:*

Cette année Jacques Delahaut (**inviter**) . . . . . . quelques amis à dîner avec lui pour célébrer son anniversaire: il (**naître**) . . . . le cinq juillet dix-neuf cent trente-neuf. Ils (**aller**) . . . . au restaurant 'La Coupole'. Comme il (**faire**) . . . . froid ce soir-là, ils (**ne pas rester**) . . . . à la terrasse. Il y (**avoir**) . . . . déjà beaucoup de clients, mais le maître d'hôtel les (**conduire**) . . . . tout de suite à une table réservée. Jacques (**commander**) . . . . le menu et pendant qu'ils (**choisir**) . . . . les plats, ils (**boire**) . . . . un apéritif. Ils (**prendre**) . . . . des hors d'œuvres variés, un bifteck avec des pommes de terre frites, de la salade verte et pour le dessert, une tarte maison. Tout en mangeant, ils (**écouter**) . . . . le petit orchestre qui (**jouer**) . . . . des airs choisis par les clients. Comme toujours, ils (**être**) . . . . bien contents du repas et du service.

6. *Translate these sentences into French. Four of them will need the perfect tense and the rest the imperfect:*

1) I used to do the washing-up after lunch.

. . . .

2) She arrived yesterday.

. . . .

. . . .

3) We drank two glasses of wine.

. . . .

. . . .

4) Where were you going?

. . . .

5) After breakfast he always used to read the newspaper.

. . . .

6) They were very pleased with the meal.

. . . .

7) I saw Pierre at the station.

. . . .

IMPERFECT TENSE WITH *DEPUIS*

Je **travaillais** à Paris **depuis** trois mois quand il est arrivé.
*I **had been working** in Paris **for** three months when he arrived.*

7. *Answer these questions as shown in the example, using the expression of time given:*
Example **Depuis** combien de temps **travailliez-**vous quand il a téléphoné?
– Je **travaillais depuis** une heure quand il a téléphoné.

1) Depuis combien de temps étiez-vous malade quand le médecin est arrivé? (**trois heures**)

. . . .

. . . .

2) Depuis combien de temps attendiez-vous quand le train est parti? (**une heure**)

. . . .

. . . .

3) Depuis combien de temps parlait-il quand je suis arrivé? (**dix minutes**)

. . . .

. . . .

> Je **voudrais** un verre de vin.
> *I **would like** a glass of wine.*
> S'il était riche, il **achèterait** une nouvelle voiture.
> *If he were rich, he **would buy** a new car.*
> Si nous avions une voiture, nous **irions** en ville.
> *If we had a car, we **would go** into town.*

1. Complete these sentences by adding the appropriate ending to the verb:

1) Il viendr. . . . . s'il pouvait.

2) Je boir. . . . . si j'avais soif.

3) Si elle était fatiguée elle se

   reposer. . . . .

4) S'ils avaient besoin d'argent, nous leur en

   prêter. . . . .

5) Si tu avais besoin de chaussures, tu en

   acheter. . . . .

6) S'il faisait beau, ils fer. . . . . une promenade.

7) Me dir. . . . . –vous, si vous le saviez?

8) Si on prenait le train, on arriver. . . . . samedi matin.

9) Si elles le voyaient, elles lui

   parler. . . . .

10) S'il était malade, le docteur le

   guérir. . . . .

Si j'étais fort comme Pierre, moi aussi je ferais du sport.

2. Choose an expression from those in the box which will complete each sentence below appropriately:

1) Si j'étais riche

. . . .

2) Si nous visitions Paris

. . . .

3) Si tu m'achetais une nouvelle robe, papa,

. . . .

4) S'il avait de l'argent

. . . .

5) Si vous travailliez bien

. . . .

6) Si je n'avais pas d'argent

. . . .

7) S'il ne faisait pas beau

. . . .

8) S'ils venaient me voir, a dit le directeur,

. . . .

9) Si elle savait lire

. . . .

. . . .

a) vous auriez toujours une bonne note.
b) nous ne sortirions pas.
c) je leur offrirais un poste.
d) je lui donnerais ce livre.
e) je serais fort contente.
f) j'achèterais une maison énorme.
g) il pourrait nous accompagner au cinéma.
h) m'en prêteriez-vous?
i) nous irions voir la Tour Eiffel.

12.1 Pronouns (2)

EMPHATIC PRONOUNS

> C'est **toi**, Henri? – Oui, c'est **moi**.
> Tu viens avec **nous**?
> Qui a fait ça? – **Lui**.

1. Complete the answers to these questions by putting in the correct pronoun:

1) C'est M Leblanc? – Oui, c'est ....

2) C'est Mme Lesage? – Oui, c'est ....

3) Ce sont les enfants? – Oui, ce sont ......

4) C'est vous, mes enfants? – Oui, c'est ....

5) Ce sont tes sœurs? – Oui, ce sont ....

6) C'est le facteur? – Oui, c'est ....

7) C'est votre amie? – Oui, c'est ....

8) C'est nous qui faisons les courses?

   – Oui, c'est ....

9) C'est moi qui fais cela, chéri? – Oui, c'est

   ....

2. Pair off correctly the questions below with the answers listed in the box. Use each answer once only:

1) Qui fait cela? Vous?

   ....

2) Qui dit cela? Philippe?

   ....

3) Qui fait cela? Vous et Marie?

   ....

4) Qui fait cela, mon ami? Moi?

   ....

5) Qui dit cela? Henri et Jean?

   ....

6) Qui dit cela? Nous?

   ....

7) Qui fait cela? Anne et Jeanne?

   ....

8) Qui fait cela? Ta femme?

   ....

> Oui, elles. Oui, toi. Oui, moi.
> Oui, elle. Oui, nous. Oui, lui. Oui,
> vous. Oui, eux.

3. Translate these sentences into French:

1) Do you want to come with us?

   ....

2) Who said that? – Me.

   ....

3) Who did that? – It was him.

   ....

4) He left without her.

   ....

DEMONSTRATIVE PRONOUNS

	Singular	Plural
Masculine	celui (–ci/–là)	ceux (–ci/–là)
Feminine	celle (–ci/–là)	celles (–ci/–là)

4. Put in the correct form of the pronoun to complete the sentences below:

Example   Passe-moi **la clef**.
            Celle-ci?   – Non, **celle–là**.

1) Passe-moi les clefs!

   ....–ci? – Non, ...– là.

2) Passe-moi la bouteille!

   ....–ci? – Non, ... – là.

3) Passe-moi le journal!

   ....–ci? – Non, ...–là.

4) Passe-moi le couteau!

   ....–ci? – Non, ...–là.

5) Passe-moi les livres!

   ....–ci? – Non, ...–là.

6) Passe-moi les tasses!

   ....–ci? – Non, ...–là.

7) Passe-moi la photo!

   ....–ci? – Non, ...–là.

8) Passe-moi le livre!

   ....–ci? – Non, ...–là.

9) Passe-moi les mouchoirs!

   ....–ci? – Non, ...–là.

5. *Complete the replies below with the appropriate form of the pronoun, as shown in the example:*
Example Donnez-moi **la boîte!**
Celle qui est sur la table.

1) Donnez-moi la lettre!

. . . . qui est sur la table.

2) Donnez-moi les journaux!

. . . . qui sont sur la chaise.

3) Donnez-moi le couteau!

. . . . qui est dans le tiroir.

4) Donnez-moi les fleurs!

. . . . qui sont dans le vase.

5) Donnez-moi les bonbons!

. . . . qui sont dans la boîte!

6) Donnez-moi le billet!

. . . . qui est dans mon porte-feuille.

7) Donnez-moi la robe!

. . . . qui est dans l'armoire.

8) Donnez-moi les timbres!

. . . . qui sont dans mon sac.

6. *Find an appropriate answer from the box below for each of the following questions:*

1) Quelle robe dois-je porter?

. . . .

2) Quelles chaussures dois-je porter?

. . . .

3) Quelle bicyclette dois-je prendre?

. . . .

4) Quel timbre dois-je mettre?

. . . .

5) Quelle carte dois-je lui envoyer?

. . . .

6) Quel vin veux-tu boire?

. . . .

7) Quelle cravate dois-je porter?

. . . .

8) Quel poème dois-je apprendre?

. . . .

9) Quel livre dois-je lire?

. . . .

10) Quels journaux dois-je acheter?

Je prends celui de Bordeaux.
Envoie-lui celle de Notre Dame!
Porte celle de ta sœur!
Lisez celui d'Agatha Christie!
Achetez ceux de ce matin!
Empruntez celle de ton père!
Apprenez celui de Wordsworth!
Mettez celui de trois francs!
Porte celles de ton frère!
Prenez celle de Michel!

RELATIVE PRONOUNS

Voici une robe | **qui** est très jolie.
que j'aime bien.

Il parle toujours de sa voiture **dont** il est très fier.

7. *Complete these sentences by filling in the gaps with either* **qui** *(subject) or* **que** *(object):*

1) Je connais un boucher ......a deux magasins.

2) Elle habite un appartement ...... se trouve au centre de la ville.

3) La maison ...... vous regardez est à vendre.

4) Un boulanger est un homme ...... vend le pain.

5) De quelle couleur est le stylo ...... vous avez perdu?

6) Comment s'appelle la fille ...... est assise derrière vous?

7) C'est l'homme ...... vous avez vu?

8) C'est le disque ...... vous aimez?

8. *Join the following pairs of sentences using the word* **qui** *or* **que** *as necessary. The example below will help you:*
Example Je connais l'homme.
         Vous voyez **l'homme**.
         – Je connais l'homme **que** vous voyez.

1) Elle va chanter une chanson.
Vous connaissez **la chanson**.

Elle ....

....

2) La montagne est très dangereuse.
Vous voyez **la montagne** au loin.

La montagne ....

....

3) Tu n'as pas reçu la lettre?
J'ai mis **la lettre** à la poste lundi.

Tu ....

....

4) A qui est cette voiture?
On peut voir **la voiture** devant la maison.

A qui ....

....

5) Un monsieur est entré.
Je ne **l'**ai pas vu avant.

Un monsieur ....

....

6) Le poète est bien connu.
Le poète a écrit ces vers.

Le poète ....

....

7) J'ai rencontré un jeune homme.
Il ne m'a pas reconnu.

J'ai ....

....

8) La jeune femme travaille dans le magasin.
La jeune femme ne sait pas que faire.

La jeune femme ....

....

9. *Combine these pairs of sentences using* **dont**. *The example below will help you:*
Example Je n'ai pas lu le roman.
         Tu parlais de ce roman.
         – Je n'ai pas lu le roman **dont** tu parlais.

1) Je ne connais pas l'homme.
Tu parlais de cet homme.

Je ....

....

2) Nous avons gagné l'argent.
Nous avions besoin de cet argent.

Nous ....

....

3) Entrez dans le magasin.
La porte du magasin est ouverte.

Entrez ....

....

4) Où est le chien?
Elle a peur du chien.

Où ....

....

5) Il m'a raconté une histoire.
J'ai oublié la fin de l'histoire.

Il ....

....

INTERROGATIVE PRONOUNS

lequel?	laquelle?	
		which one(s)?
lesquels?	lesquelles?	

10. *Reply to each question below by using the appropriate form of the pronoun to ask 'which one?':*
Example Avez-vous vu **ma cravate?** –
Laquelle?

1) Avez-vous vu mes chaussures? . . . .

2) Où est sa sœur? . . . .

3) Donnez-moi le livre! . . . .

4) Je vais acheter un disque. . . . .

5) Connaissez-vous ces filles? . . . .

6) Je n'aime pas cette femme. . . . .

7) Donnez votre billet à cet

homme! . . . .

8) J'ai perdu une clef. . . . .

POSSESSIVE PRONOUNS

le mien	les miens	
		my, mine
la mienne	les miennes	

11. *Answer the questions below using the correct form of the pronoun and following the pattern of the example:*
Example Cette voiture est à lui?
– Oui, c'est la sienne.

1) Ce livre est à vous?

Oui, c'est . . . .
2) Ces fleurs sont à nous?

Oui, ce sont . . . .

3) Cette maison est à elles?

Oui, c'est . . . .
4) Ce cahier est à moi, monsieur?

Oui, c'est . . . .
5) Cette bicyclette est à Marie?

Oui, c'est . . . .

12. *Select an appropriate answer to these questions from the list in the box below.*

1) Elle a trouvé ses amis. Et toi?

. . . .

2) Mon auto est dans le garage. Et votre voiture?

. . . .

3) Il a un beau jardin. Et vous?

. . . .

4) Marie achète ses robes à Paris. Et ses sœurs?

. . . .

5) Je préfère mon propre pays. Et vous?

. . . .

6) Tu as dépensé tout ton argent. Et tes amis?

. . . .

7) Il a un grand appartement. Et eux?

. . . .

8) Sa femme travaille au bureau. Et votre femme?

. . . .

9) Son travail est bien fait. Et mon travail?

. . . .

. . . .

a)	Ils ont dépensé le leur aussi.
b)	Elle aime la sienne aussi.
c)	La mienne est aussi dans le garage.
d)	Le vôtre est bien fait aussi.
e)	J'ai retrouvé les miens aussi.
f)	Je préfère le mien aussi.
g)	Le leur est grand aussi.
h)	La mienne y travaille aussi.
i)	Le mien est beau aussi.
j)	Elles y achètent les leurs aussi.

STARTING A LETTER

1. *Here is a list of names and addresses. Choose an appropriate letter opening from the box below for each person or organisation, using each term once only.*

1) Le Directeur,
   Agence Air France
   rue de Rome
   Nice ....

2) Mlle M.V. Laurent
   5 rue de la Gare
   Dèvres
   Pas de Calais ....

3) M.A. Le Pavoin
   17 rue Damien
   Paris 8e ....

4) Docteur Antoine Debret
   Le Vieux Moulin
   Cauville-sur-Marne ....

5) Antoine et Silvie Martineau
   12 ave de la Libération
   Rennes ....

6) Mlle Marie Cauchy
   1 rue de la Fontaine
   Paris
   Cesson ....

7) Duclos et Fils
   Marchands de Vins Fins
   rue Duval
   Toulouse ....

8) M.P. Lamartine
   11 rue de la Paix
   Bordeaux ....

9) Mme S.V. Manet
   54 ave Lombard
   Paris 5e ....

10) M. Lucien Leblanc
    Agence Monton
    13 ave Foch
    Cherbourg ....

Monsieur	Madame
Messieurs	Ma chère Martine
Chers Amis	Mon cher Philippe
Monsieur le	Chère Marie
Directeur	
Cher André	Monsieur le
	Docteur

ENDING A LETTER

2. *Below are several ways to 'sign off'. Some are formal, as used in a business letter; others you would use when writing to a friend or relative. Write down where each ending belongs – in a **business** or a **friendly** letter:*

1) Cordialement ....

2) Je vous prie d'agréer, Monsieur, l'assurance de mes sentiments distingués

   ....

3) Bien à toi ....

4) Amicalement ....

5) Veuillez croire, Madame, en mes remerciements et en mes sentiments

   distingués. ....

6) A bientôt ....

7) Votre ami(e) ....

8) Veuillez agréer, Messieurs, l'expression de mes sentiments les plus distingués.

   ....

9) Affectueusement ....

10) Amitiés ....

Ma chère Françoise
Me voici à Cannes. Il fait beau, et je joue au football sur la plage.
J'espère que tu passes de bonnes vacances.
Affectueusement

QUEL TEMPS FAIT-IL?

1. *From the list of phrases in the box below, choose an appropriate weather description for each picture and write the phrase in the space provided:*

1)

2)

. . . .

3)

. . . .

4)

. . . .

5)

. . . .

6)

. . . .

7)

. . . .

a) il fait du brouillard
b) le soleil brille
c) il fait du vent
d) il fait froid
e) il neige
f) il fait chaud
g) il pleut

2. *Translate these sentences into English:*

1) Il fait mauvais temps en hiver.

. . . .

2) Il fait beau temps en été.

. . . .

3) Il va pleuvoir demain.

. . . .

4) Hier il a fait chaud.

. . . .

5) Il gèle dur aujourd'hui.

. . . .

BACKGROUND QUESTIONS ON FRANCE

Answer each question by ticking whichever of the four answers you think is correct:

1) What do they call 14 July in France?

   a) Mardi Gras ☐
   b) Fête Nationale ☐
   c) Toussaint ☐
   d) Fête des Mères ☐

2) What do the French usually call the Riviera?

   a) Côte d'Azur ☐
   b) Pas de Calais ☐
   c) La Manche ☐
   d) Côte d'Emeraude ☐

3) To which of these places would you go to ski?

   a) Chamonix ☐
   b) Narbonne ☐
   c) Cherbourg ☐
   d) Biarritz ☐

4) Along which river are there lots of famous châteaux?

   a) Seine ☐
   b) Rhône ☐
   c) Somme ☐

5) What sport would you associate with the town of Le Mans?

   a) rugby ☐
   b) motor racing ☐
   c) skiing ☐
   d) cycling ☐

6) What do the letters SNCF refer to?

   a) French railways ☐
   b) French television ☐
   c) National Bus Company ☐
   d) French radio ☐

7) What do the letters ORTF refer to?

   a) French railways ☐
   b) French television ☐
   c) The Post Office ☐
   d) National Bus Company ☐

8) Which of these people was a famous French painter?

   a) Brigitte Bardot ☐
   b) Paul Cézanne ☐
   c) Victor Hugo ☐
   d) Louis Lumière ☐

9) Which of the following is a famous church in Paris?

   a) Le Louvre ☐
   b) L'Arc de Triomphe ☐
   c) La Tour Eiffel ☐
   d) Sacré Cœur ☐

10) Who was the first man to cross the Channel in an aeroplane?

    a) Blériot ☐
    b) Gauguin ☐
    c) Montgolfier ☐
    d) Pasteur ☐

11) Which of the following is a famous kind of cheese?

    a) Gauloises ☐
    b) Bordeaux ☐
    c) Pâté de foie gras ☐
    d) Camembert ☐

12) **Paris-Match** is the name of a famous French:

    a) race-course ☐
    b) golf tournament ☐
    b) magazine ☐
    c) football stadium ☐

13) Who was called 'The Maid of Orléans'?

    a) Jeanne d'Arc ☐
    b) Madame Curie ☐
    c) Brigitte Bardot ☐
    d) Françoise Sagan ☐

14) What is 'Le Mistral'?

    a) A French cheese ☐
    b) A type of red wine ☐
    c) A football team ☐
    d) A wind which blows in southern France ☐

15) Which Frenchman developed a serum to fight the disease rabies?

    a) Pasteur ☐
    b) De Gaulle ☐
    c) Monet ☐
    d) Maupassant ☐

16) What would you get in a 'Syndicat d'Initiative'?

    a) betting slips ☐
    b) sports equipment ☐
    c) tourist information ☐
    d) medical care ☐

17) What would you do with Vichy water?

    a) bleach clothes ☐
    b) drink it ☐
    c) kill weeds ☐
    d) top up batteries ☐

18) What is the name of the annual cycling race across France?

    a) France Inter ☐
    b) France-Soir ☐
    b) Tour de France ☐
    c) Coupe de France ☐

Est-ce qu'il fait froid en janvier?
Fait-il froid en janvier?
Il fait froid en janvier?
Il fait froid en janvier, n'est-ce pas?

1. *For each of the sections below, turn the statements you are given into questions, as shown in the examples provided:*
Example Paul va à Paris demain.
– Est-ce que Paul va à Paris demain?

1) Tu cherches ton ami.

. . . .

. . . .

2) Vous avez trouvé mes lunettes.

. . . .

. . . .

3) Elles sont toujours à l'école.

. . . .

. . . .

4) Ils sont déjà partis en vacances.

. . . .

. . . .

5) Marie veut aller en ville.

. . . .

. . . .

Example Il envoie beaucoup de lettres.
– Envoie-t-il beaucoup de lettres?

6) Elle vient à Paris en mai.

. . . .

. . . .

7) Il pleut toujours en Angleterre.

. . . .

. . . .

8) Elles sont restées à la maison.

. . . .

. . . .

9) On va au cinéma ce soir.

. . . .

. . . .

10) Elle parle bien le français.

. . . .

. . . .

2. *Read the following answers, and in the space above each one, write the appropriate question from the box below:*

1) . . . . ?
– Oui, il est très occupé.

2) . . . . ?
– Non, j'ai déjà vu ce film.

3) . . . . ?
– Oui, j'adore la France.

4) . . . . ?
– Oui, elle a déjà son permis.

5) . . . . ?
– Non, merci, je n'ai pas faim.

6) . . . . ?
– Non, ils ont pris le train.

7) . . . . ?
– Non, elle ne sait pas où elles sont.

8) . . . . ?
– Non, merci, je suis fatiguée.

9) . . . . ?
– Non, je viens tout seul.

10) . . . . ?
– Non, il n'y a presque personne.

a) Est-ce qu'elles viennent avec vous?
b) As-tu passé de bonnes vacances en France?
c) Y a-t-il beaucoup de personnes dans le restaurant?
d) Est-ce qu'il a beaucoup de travail à faire?
e) Sont-ils venus en voiture?
f) Veux-tu aller au cinéma ce soir?
g) Est-ce qu'elle a trouvé ses clefs?
h) Tu voudrais du gâteau?
i) Voulez-vous danser avec moi?
j) Est-ce que Jeanne sait conduire?

QUESTION WORDS

Que/Qu'est-ce que	*what*?

3. *Pair off each question with an appropriate answer chosen from the box below. Write in the letter of the answer opposite the relevant question, as shown in question 1) which has been done for you as an example.*

1) Que faites-vous à l'école? ......

2) Que fait-il dans la cuisine? ......
3) Qu'est-ce que vous faites dans la cuisine? ......

4) Que fait-elle chez le boucher? ......
5) Qu'est-ce que vous achetez chez le boulanger?

6) Que fait-il dans la chambre? ......
7) Qu'est-ce que nous faisons dans la salle de bains? ......

8) Que portez-vous sur la tête? ......
9 Qu'est-ce que vous portez aux pieds? ......
10) Qu'est-ce que vous buvez le matin? ......

a)	Je prépare le dîner.
b)	Il dort.
c)	Elle achète de la viande.
d)	J'apprends le français.
e)	Je porte un chapeau.
f)	Nous buvons du café.
g)	Je porte des chaussures.
h)	J'achète du pain.
i)	Nous nous lavons.
j)	Il fait le café.

Qui?	*Who*
Quand?	*When?*
Combien?	*How much/many?*
Où?	*Where?*
Pourquoi?	*Why?*
Comment?	*How?*

4. *Write in an appropriate one-word rejoinder from the box above for each of the remarks below. You may use a word more than once.*
Example Quelqu'un a bu mon vin. – Qui?

1) Tu me dois dix francs. – ....

2) Robert vient me voir. – ....

3) Donnez-moi du jambon. – ....

4) J'ai trouvé mes gants. – ....

5) Il a acheté une nouvelle maison. – ....

6) Il ne veut pas venir avec nous. – ....

7) Pouvez-vous m'aider, monsieur? – ....

8) Ma femme arrivera bientôt. – ....

9) J'ai vu quelqu'un passer devant le maison. – ....

10) Il n'a pas fini son travail. – ....

5. *Tick which of the three answers to the questions below seems most appropriate:*

1) Combien de tickets vous a-t-il donnés?
   a) Il en a acheté trois. ....
   b) Il m'en a donné trois. ....
   c) Il ne m'a rien donné. ....

2) Quand êtes-vous née, madame? ....
   a) Je suis née à Londres. ....
   b) Je suis né en 1953. ....
   c) Je suis née en 1953. ....

3) Pourquoi ne mangez-vous pas?
   a) Parce que ja n'ai pas faim. ....
   b) Parce que j'ai toujours faim. ....
   c) Parce que j'ai une femme. ....

4) Où passez-vous les vacances cette année?
   a) Je vais y penser. ....
   b) J'y vais en mai. ....
   c) Je vais à la campagne. ....

5) Qui vous a dit cela?
   a) Mon cousin. ....
   b) Mon coussin. ....
   c) Mon couteau. ....

6) Comment allez-vous, monsieur?
   a) Je vais à Paris. ....
   b) Je n'y vais pas. ....
   c) Je vais très bien, merci. ....

7) Quel temps fait-il aujourd'hui?
   a) Il a froid. ....
   b) Il fait froid. ....
   c) Il fait peur. ....

8) Pourquoi est-il parti si tôt?
   a) Il était fatigué. ....
   b) Il était français. ....
   c) Il était sympathique. ....

9) Pourquoi ne travaille-t-il pas?
   a) Parce qu'il est patient. ....
   b) Parce qu'il est paresseux. ....
   c) Parce qu'il est diligent. ....

ANSWERING QUESTIONS A

Answer the questions about yourself, your family and where you live by filling in the part-answers on the right. A dotted line tells you the word or words is/are given in the answers at the back of the book, an unbroken line calls for a word or words only you can supply.

1) Comment vous appelez-vous?

Je m'a. . . . .   _____

2) Etes-vous enfant unique?

Non, je ne s . . . . . . pas enfant unique.

Oui, je s . . . . . . enfant unique.

3) Combien de sœurs et de frères avez-vous?

J'. . . . .   sœur(s) et _____ frère(s).

J'. . . . . .   sœur(s)/frère(s).

Je n'. . . . . . ni sœurs ni frères.

4) Est-ce que votre père travaille?

Oui, il est _____

Non, il ne t . . . . pas.

5) Est-ce que votre mère travaille?

Oui, elle est _____

Non, elle ne t . . . . pas.

6) Où habitez-vous?

J'h . . . .   _____

7) Habitez-vous une maison ou un appartement?

J'h . . . . un/une _____

8) Depuis combien de temps l'habitez-vous?

Je l'habite depuis _____ ans.

9) Combien de pièces y a-t-il chez vous?

Il y en a _____

10) Est-ce que vous avez votre chambre à vous?

Oui, j' . . . . . . m . . . . . . chambre à m . . . .

Non, je partage avec mon f . . . .

ma s . . . . . .

11) Aidez-vous vos parents à faire le ménage?

Oui, j' . . . .

Non, je n' . . . .

12) Que faites-vous pour aider votre mère/père?

Je fais la v . . . .

Je tr . . . . dans le jardin.

13) Qui prépare les repas chez vous?

Ma m . . . . . . prépare les repas.

Mon p . . . . . . prépare les repas.

14) Avez-vous le chauffage central à la maison?

Oui, nous a . . . . . . le chauffage central.

Non, nous n' . . . . . . pas le chauffage central.

15) Avez-vous un jardin?

Oui, nous a . . . . . . un p . . . . . . jardin.

g . . . .

Non, nous n' . . . . . . p . . . . de jardin.

16) Qu'est-ce que vous y cultivez?

On y c . . . . des fl . . . .

et des lé . . . .

ANSWERING QUESTIONS (B)

Answer these questions about you and your school by filling in the part answers on the right. In these suggested answers, a dotted line tells you that the word or words, is/are given in the answers at the back of this book. An unbroken line calls for a word or words which is/are personal to you and which only you can supply.

1) Dans quelle classe êtes-vous cette année?

Je . . . . . . en deuxième . . . .

2) Est-ce que votre école est mixte?

Oui, c'est une . . . .

Non, c'est une école de . . . .

3) Combien d'élèves y a-t-il dans votre classe?

Il y en a _____

4) Décrivez votre uniforme, si vous en avez.

Nous ne portons pas . . . .

Nous . . . . une veste bleue/grise/rouge, une jupe/pantalon gris(e)/bleu(e), une chemise/blouse grise/blanche/bleue et une cravate.

5) Comment venez-vous à l'école?

Je . . . . . . à pied/à bicyclette/en autobus.

6) Combien de cours avez-vous par jour?

J'en . . . . . . sept/huit.

7) A quelle heure commencez-vous le travail le matin?

Je . . . . à _____ heures _____

8) Quelle matière préférez-vous?

Je . . . . le français/_____

9) Est-ce qu'il y a une matière que vous n'aimez pas?

Je n' . . . . . . pas le français/_____

Non, j' . . . . . . tout.

10) Vous êtes à cette école depuis combien de temps?

Je . . . . . . ici depuis _____ ans.

11) Est-ce que vous mangez à l'école à midi?

Oui, je . . . . ici à midi.

Non, je ne . . . . pas ici, je vais à la . . . .

12) Est-ce que les repas sont bons?

Oui, les . . . . sont . . . .

Non, les . . . . ne . . . . . . pas . . . .

13) A quelle heure est-ce que vous rentrez l'après-midi?

Je . . . . . . à _____ heures _____

14) Est-ce que vous avez beaucoup de devoirs à faire à la maison?

Oui, j' . . . . . . des . . . . tous les soirs.

15) Vous faites du sport à l'école?

Oui, je . . . . . . tennis/football/hockey/_____

16) Est-ce que vous quittez l'école cette année?

Oui, je . . . . . . l'école . . . . . . année.

Non, je reste à l' . . . . encore deux . . . . . .

Verbs – the pluperfect tense

J'**avais mangé** avant de sortir.
I **had eaten** *before leaving.*
Il **était sorti** quand je suis arrivé.
He **had gone out** *when I arrived.*
*Elle s'***était assise** sans me regarder.
She **had sat down** *without looking at me.*

*This tense is similar in form to the perfect tense.
Both tenses use* **avoir** *or* **être** *with the past
participle and the rules for the agreement of the
past participle are exactly the same.*

1. *Put these sentences into the pluperfect tense:*

1) Je lui ai déjà parlé.

   Je lui . . . . déjà parlé.

2) Elle est arrivée à cinq heures du matin.

   Elle . . . . arrivée à cinq heures du

   matin.

3) Tu as manqué ton train.

   Tu . . . . manqué ton train.

4) Vous êtes parti sans me voir.

   Vous . . . . parti sans me voir.

5) Nous avons pris l'avion.

   Nous . . . . pris l'avion.

6) Ils ont bu trop de vin.

   Ils . . . . bu trop de vin.

7) Il s'est assis à côté de moi.

   Il s'. . . . . assis à côté de moi.

8) Tu ne m'as rien donné.

   Tu ne m'. . . . . rien donné.

9) Elle n'est jamais venue me voir.

   Elle n'. . . . . jamais venue me voir.

10) J'ai été très heureux à l'école.

    J'. . . . . été très heureux à l'école.

11) Elles se sont habillées avant de descendre.

    Elles s'. . . . . habillées avant de

    descendre.

2. *Rewrite these sentences as reported speech,
making the necessary tense change. The
examples below will guide you:*
Examples
a) Le docteur a dit: 'J'**ai téléphoné** pour une
   ambulance'.

   – Le docteur a dit **qu**'il **avait** téléphoné pour
   une ambulance.
b) J'ai demandé à Philippe: '**As-tu** déjà
   mangé?'

   – J'ai demandé à Philippe **s**'il **avait** déjà
   mangé.

1) Nous avons dit: 'Nous avons vu ce film'.

   . . . .

   . . . .

2) Elle m'a demandé: 'Ils sont allés à Paris?'

   . . . .

   . . . .

3) Le porteur m'a dit: 'Le train est déjà parti.'

   . . . .

   . . . .

4) Je leur ai dit: 'Je n'ai pas bien mangé.'

   . . . .

   . . . .

5) Il nous a dit: 'J'ai fini mon travail.'

   . . . .

   . . . .

6) On m'a demandé: 'Avez-vous vu Jean-Paul?'

   . . . .

   . . . .

7) On m'a dit: 'Il n'est pas encore arrivé.'

   . . . .

   . . . .

3. *Identify each tense in the following passage by writing imperfect, perfect or pluperfect against the numbers of the verbs listed in the box below:*

Depuis notre arrivée à La Baule, je ne me sentais pas (1) bien. J'avais (2) mal à l'estomac mais je pensais (3) que, sans doûte, j'avais mangé (4) quelque chose qui ne m'avait pas réussi (5). Pendant la nuit je me suis réveillée (6) avec une douleur horrible au ventre. Avant de nous coucher, Anne m'avait dit (7) de la réveiller si je ne pouvais pas (8) dormir. Je l'ai appelée (9) et après que je lui ai dit (10) que je me sentais (11) vraiment mal, elle a téléphoné (12) pour demander un médecin. Il est venu (13) assez vite et à peine m'avait-il examinée (14) que le docteur a dit (15) que je devais (16) aller à l'hôpital. Je n'avais jamais été (17) à l'hôpital avant et vous pouvez imaginer comme j'avais (18) peur. On m'a emmenée (19) immédiatement dans une salle d'opération et quand le docteur m'avait anesthésiée (20) il m'a enlevé (21) l'appendice. Quelques heures plus tard, après m'être réveillée (22), je ne sentais plus (23) aucune douleur.

1)	18) . . . .
2)	19) . . . .
3)	20) . . . .
4)	21) . . . .
5)	22) . . . .
6)	23) . . . .
7)	
8)	
9)	
10)	
11)	
12)	
13)	
14)	
15)	
16)	
17)	

4. *Underline the correct form of the past participle in these sentences:*

1) Combien de tickets avait-elle
   acheté?
   achetées?
   achetés?

2) Où avaient-elles
   vu
   vues Michel?
   vus

3) Est-ce qu'il avait
   mangés
   mangé avant de partir?
   mangée

4) Tu avais déjà
   reçue
   reçu la lettre.
   reçus

5) Elle était déjà
   partis.
   parti.
   partie.

6) Elle m'a montré la montre qu'elle lui avait
   donnée.
   donné.
   données.

7) J'ai regardé les fleurs qu'elle avait
   cueilli.
   cueillies.
   cueillie.

8) Michel s'était déjà
   habillée.
   habillés.
   habillé.

9) Elles s'étaient
   levées
   levé de bonne heure.
   levés

10) Marie et Jean? Je ne les avais pas
   vues.
   vus.
   vue.

1. *Read the following passage and answer, in English, the questions which follow it.*

An aeronautical anniversary

Le 25 juillet 1979 cinquante avions légers ont participé à une course aéronautique entre l'Angleterre et la France. La course a été organisée pour célébrer le soixante-dixième anniversaire de la première traversée de la Manche par avion, effectuée par un aviateur français, Louis Blériot.

Les avions sont partis par intervalles de cinq minutes de l'aérodrome de Biggin Hill. Leur destination était l'aéroport de Gand en Belgique. Une très grande foule de fanatiques de l'aviation s'est assemblée au point de départ pour encourager les participants.

Il faisait beau temps, et aucun des pilotes n'a eu de problèmes pour arriver à Gand.

Le soir, à l'Hôtel de Ville de Gand, il y a eu une réception en l'honneur des aviateurs anglais. Un nombre de personnalités bien connues dans l'aviation ont assisté à cette réception, au cours de laquelle le petit-fils de Louis Blériot a présenté au gagnant de la course une miniature en bronze de l'avion de son célèbre grand-père.

a) Why was the air-race organised?

. . . .

. . . .

. . . .

b) In what year was the first cross-Channel flight made?

. . . .

c) Why did the pilots have little difficulty in completing the course?

. . . .

. . . .

d) Where was the reception held after the race?

. . . .

e) Who presented the prize to the winner?

. . . .

. . . .

East Anglian Examinations Board

2. *Read the following passage and answer, in English, the questions which follow it.*

Fire!

Au mois de juin dernier un incendie désastreux a détruit l'usine de la compagnie Roneo, à Noyon, en Picardie. L'origine de l'incendie était, paraît-il, accidentelle. Malgré l'intervention rapide des sapeurs-pompiers, il n'a pas été possible d'empêcher la destruction presque complète des batiments qui ont brulé avec une rapidité et une férocité incroyables.

Cette usine est un centre très important de la fabrication de meubles métalliques.

L'incendie s'est déclaré au milieu de la nuit et les habitants de Noyon ont été réveillés par une série d'explosions très fortes et par l'illumination du ciel par des flammes qui montaient jusqu'à dix mètres dans l'air.

Pour les ouvriers de la compagnie l'incendie est un vrai désastre. Sept cents personnes, hommes et femmes, se trouvent aujourd'hui sans travail et on affirme que cela va continuer au moins trois mois – le temps de reconstruire l'usine.

a) Why were the firemen unable to prevent the destruction of the buildings?

. . . .

. . . .

b) What did the factory make?

. . . .

c) What woke the inhabitants of Noyon?

. . . .

. . . .

. . . .

d) What do the employees feel about the fire?

. . . .

. . . .

e) Why is it probable that the workers will be out of work for at least three months?

. . . .

. . . .

Verbs – the future tense

> On arrive**a** demain soir.
> *We shall arrive tomorrow evening.*
>
> Je lui écrir**ai** plus tard.
> *I shall write to him later.*

1. Complete the verbs in these sentences by adding the appropriate ending:

1) Je vous téléphoner . . . . . . ce soir.

2) Tu prendr . . . . . . la route N7 jusqu'à Lyon.

3) Elle partir . . . . . . jeudi matin.

4) Il arriver . . . . . . à dix-huit heures.

5) Nous rester . . . . . . jusqu'à dix heures.

6) Vous manger . . . . . . avec nous ce soir.

7) Ils visiter . . . . . . le château cet après-midi.

8) Elles quitter . . . . . . Paris la semaine prochaine.

2. Insert each of the following verbs in the box into the appropriate sentence below:

> tournerez   demanderai   quitterai
> restera   partiront   liras   attendras
> arriverons   sortiront   travaillerons

1) Tu . . . . ta lettre plus tard.

2) Nous . . . . jusqu'à six heures.

3) Ils . . . . pour Paris demain.

4) Je . . . . l'école en juillet.

5) Vous . . . . à gauche.

6) Je . . . . à Pierre de m'aider.

7) Elle . . . . à la maison aujourd'hui.

8) Ils . . . . ensemble ce soir.

3. Answer the following questions as shown in the example below:

Example Vous partirez quand? Jeudi?
   – Oui, je partirai jeudi.

1) Il arrivera quand? Demain matin?

– Oui, il . . . .

. . . .

2) Ça prendra combien de temps? Deux heures?

– Oui, ça . . . .

. . . .

3) Tu arriveras quand? Vers quatre heures?

– Oui, j' . . . .

. . . .

4) Elle rentrera quand? A trois heures?

– Oui, elle . . . .

. . . .

5) Quand quitteront-ils La Baule? La semaine prochaine?

– Oui, ils . . . .

. . . .

6) Où attendrez-vous Philippe? A la gare?

– Oui, nous . . . .

. . . .

7) Quand me donnerez-vous l'argent? Cet après-midi?

– Oui, je vous . . . .

. . . .

8) Quand est-ce qu'ils nous visiteront? Aujourd'hui?

– Oui, ils nous . . . .

. . . .

Tu m'aideras avec les maths ce soir?

4. *Make up six sentences from the table below. Use each item once only:*

Je	ferez	vos devoirs maintenant.
Tu	seras	contente de vous voir.
Elle	serai	content si je le vois.
Nous	auront	froid sans leurs manteaux.
Vous	aurons	besoin de tout notre argent.
Ils	sera	malade si tu manges trop

1) . . . .

. . . .

2) . . . .

. . . .

3) . . . .

. . . .

4) . . . .

. . . .

5) . . . .

. . . .

6) . . . .

. . . .

5. **Irregular futures**

Fill in the future form of each of the verbs below:

avoir	j' . . . .
être	je . . . .
faire	je . . . .
aller	j' . . . .
vouloir	je . . . .
courir	je . . . .
pouvoir	je . . . .
mourir	je . . . .
venir	je . . . .
tenir	je . . . .
voir	je . . . .
recevoir	je . . . .

6. *Complete the following sentences by writing in the future tense of the verb given in brackets. Be careful to use the right form of the verb.*

1) Vous (*recevoir*) . . . . la lettre dans quelques jours.

2) Je (*être*) . . . . ravi de la voir.

3) Elle (*avoir*) . . . . seize ans en juin.

4) Ils nous (*voir*) . . . . cet après-midi.

5) Tu (*payer*) . . . . la note avant de partir.

6) Nous (*faire*) . . . . construire notre maison à nous.

7) Il ne (*falloir*) . . . . pas manquer le train.

8) Vous (*aller*) . . . . le voir aujourd'hui.

9) Je (*venir*) . . . . quand ils (*vouloir*) . . . .

10) Donnez-nous l'argent quand vous (*pouvoir*) . . . .

7. *Answer these questions as shown in the example:*

Example Vous **payez** la note aujourd'hui?

    – Non, je la **paierai** demain.

1) Vous donnez la réponse aujourd'hui?

– Non, je . . . .

. . . .

2) Ta femme est contente maintenant?

– Non, ma femme . . . .

. . . .

3) Vous avez leur réponse, messieurs?

– Non, nous . . . .

. . . .

4) Ils sont au bureau aujourd'hui?

– Non, ils . . . .

. . . .

5) Il va chez Monique ce soir?

– Non, il . . . .

. . . .

8. **Conditional sentences with the future tense**

Answer these questions as shown in the example.

Example Si on vous invite à venir, que ferez-vous?

– Si on m'invite à venir, je **viendrai**.

1) Si on vous demande de payer, que ferez-vous?

....

2) Si je vous demande d'être ici dimanche, que ferez-vous?

....

3) Si ton père te dit de sortir, que feras-tu?

....

4) Si Lise t'invite à rester, que feras-tu?

....

5) Si on vous demande d'aller en France, que ferez-vous?

....

6) Si je vous dis de partir, que ferez-vous?

....

7) Si elle vous invite à voir le film, que ferez-vous?

....

8) Si je vous demande d'attendre, que ferez-vous?

....

9) Si elle vous demande de répondre, que ferez-vous?

....

10) Si je te demande de me prêter l'argent, que feras-tu?

....

9. **The future tense after *quand* (when), *dès que* (as soon as), *lorsque* (when) and *aussitôt que* (as soon as).**

Quand tu **viendras,** je te montrerai les photos.
*When you **come,** I'll show you the photos.*
M. Duclos vous verra dès qu'il **sera** libre.
*M. Duclos will see you when he **is** free.*

Complete these sentences by choosing an appropriate phrase from those in the box provided:

1) Quand je me lèverai demain matin ....

....

2) Lorsque j'arriverai à l'école ....

....

3) Quand j'aurai assez d'argent ....

....

4) Dès que je finirai mon travail ....

....

5) Aussitôt qu'il entrera ....

....

6) Quand j'aurai soif ....

....

7) Quand je quitterai l'école ....

....

8) Aussitôt que les classes seront terminées

....

9) Quand je le verrai ....

....

10) Dès que j'arriverai à Paris ....

....

a) j'achèterai une moto.
b) je lui dirai bonjour.
c) j'irai voir la Tour Eiffel.
d) je prendrai un bain.
e) je boirai une bière.
f) je verrai mes amies.
g) je lui demanderai son adresse.
h) je regarderai la télévision.
i) je chercherai un emploi.
j) je partirai pour la maison.

21.1 Adverbs

masculine adjective	feminine adjective	adverb
heureux	heureuse	heureusement
doux	douce	doucement
vrai		vraiment
poli		poliment

1. *Column 1 of the table below contains certain adjectives. In Column 2 write down the adverb formed from each adjective, in Column 3 give the meaning of the adverb.*

Adjective	Adverb	Meaning
1) certain		
2) triste		
3) rapide		
4) poli		
5) actuel		
6) joyeux		
7) terrible		
8) silencieux		
9) absolu		
10) exact		
11) gratuit		
12) immédiat		
13) rare		
14) lent		
15) sûr		

Irregular adjectives		
16) énorme		
17) bon		
18) mauvais		
19) vite		
20) patient		
21) brillant		
22) meilleur		

21.2 Adverbs

2. *Other useful adverbs which are not formed from adjectives:*

adverb	meaning
23) encore	
24) souvent	
25) enfin	
26) parfois	
27) toujours	
28) trop	
29) déjà	
30) d'habitude	
31) tout de suite	
32) aujourd'hui	
33) hier	
34) demain	

Position of adverbs:

Nous allons **rarement** au cinéma.
We rarely go to the cinema.

3. *Rewrite these sentences, inserting the adverb indicated by the word in brackets. Be careful exactly where you place the adverb.*

1) Elle part pour Paris.   (demain)

Elle ....

2) Je mange au restaurant.   (souvent)

Je ....
3) Tu vas manquer ton train.   (sûr)

Tu ....
4) Nous répondons au professeur.   (poli)

Nous ....
5) Marie attend sa mère.   (patient)

Marie ....
6) Tu es malade.   (vrai)

Tu ....
7) Ils descendent l'escalier.   (lente)

Ils ....
8) Il refuse de venir.   (absolu)

Il ....
9) Vous avez dix minutes.   (exact)

Vous ....
10) Je suis satisfait de mon travail.   (complète)

Je ....
11) Marie a dit au revoir à son ami.   (triste)

Marie ....
12) Jean est parti à bicyclette.   (lente)

Jean ....
13) Il a manqué le train.   (certain)

Il ....
14) Ils se sont installés dans le compartiment.
                                 (confortable)

Ils ....
15) Elle a marché vers la porte.   (rapide)

Elle ....

Oral exam practice (2)

ROLE-PLAYING SITUATIONS

Imagine yourself in the following situations, and write down, in French, what you would say.

1) Vous êtes dans un grand magasin en France. Vous achetez un parfum.

   Ask to be shown some perfume.

   ....

   Certainement, monsieur/madame – pour une jeune personne?

   Say no, it is for your mother.

   ....

   De quelle couleur sont ses cheveux?

   Say that she has fair hair and likes flowers.

   ....

   Alors, je vous conseille celui-ci.

2) Vous êtes arrivé dans une auberge de jeunesse en France et vous parlez au gardien.

   Ask if there is any room for tonight.

   ....

   Oui, il reste quelques lits. Vous êtes combien?

   Tell him that there are four of you, two girls and two boys.

   ....

   Ça va – mais pour une nuit seulement.

   Ask at what time you must be in at night.

   ....

   A onze heures.

3) Vous êtes à l'aérogare à Paris. Vous parlez à l'employé.

   Say that you would like to change your reservations.

   ....

   Certainement. Pour quel jour?

   Say that you want to travel on Saturday, not Friday – in the afternoon.

   ....

   Oui, monsieur/madame. A dix-sept heures.

   Ask at what time the coach leaves for the airport.

   ....

   A quinze heures trente.

4) Vous êtes à une station-service en France. Vous parlez au pompiste.

   Ask him to fill up the tank.

   ....

   C'est tout?

   Ask him to check the battery and the tyres.

   ....

   Voilà – tout est en ordre.

   Thank him and ask how much it costs.

   ....

   Quarante-cinq francs.

5) Vous rentrez en Angleterre après avoir passé un mois en France chez des amis. Vous quittez la famille à la gare.

   Say goodbye to your hostess and thank her.

   ....

   Au revoir.

   Tell her that you had a lovely stay.

   ....

   J'en suis ravie.

   Tell your French friend that you will see him/her at your home next year.

   ....

   Bien sûr – à l'année prochaine.

6) Vous êtes dans un bureau de poste français et vous parlez à l'employé.

   Say that you want to send a parcel to England.

   ....

   Remplissez cette fiche, s'il vous plaît.

   Say that you do not know the value of the present.

   ....

   Vous ne l'avez pas acheté?

   Say that you have been given a book to send to your sister.

   ....

   Ah bon. Mettons trente francs.

ROLE-PLAYING SITUATIONS
Imagine yourself in the following situations, and write down, in French, what you would say:

1) Vous téléphonez au théâtre pour louer des places.

   Ask if that is the Champs Elysées Theatre.

   ....

   Oui.

   Say that you want to book four seats for Saturday evening.

   ....

   ....

   Où les voulez-vous?

   Say that you would like them in the balcony, in the fifth or sixth row.

   ....

   ....

   Oui, j'ai ce qui vous convient.

2) Vous êtes au Syndicat d'Initiative et vous parlez à l'employée.

   Say that you left your camera on the Versailles coach this morning.

   ....

   ....

   Il était de quelle marque, votre appareil?

   Say that it was a Kodak in a plastic bag.

   ....

   Attendez, je vais téléphoner à la gare routière.

   Thank the assistant and say that you are sorry to have troubled her.

   ....

   ....

   De rien, monsieur/madame.

3) Vous êtes chez votre correspondant/e en France. Vous prenez le petit déjeuner ensemble.

   Ask your French friend what the plans are for today.

   ....

   Moi, j'ai envie d'aller en ville.

   Say that it is a very good idea. At what time does he/she think of starting?

   ....

   ....

   Vers deux heures.

   Ask if you could go to a bank to change a traveller's cheque.

   ....

   ....

   Bien sûr.

4) Vous êtes dans le cabinet d'un médecin et vous lui parlez.

   Tell him you have a sore throat.

   ....

   Depuis longtemps?

   Say that you have had it for nearly two weeks.

   ....

   ....

   Avez-vous bon appétit?

   Say that you find it difficult to eat and drink.

   ....

   ....

   Voici une ordonnance.

   Southern Regional Examinations Board

23.1 Useful expressions

This is a list of common phrases and expressions which will provide you with a useful stock to draw on when you are writing, say, your composition.

Write down the English translation of each one:

1) en ce moment ....

2) hier ....

3) demain ....

4) le lendemain ....

....

5) ce soir ....

6) cet après-midi ....

7) ce matin ....

8) aujourd'hui ....

9) samedi dernier ....

10) lundi prochain ....

11) en mai ....

12) le semaine prochaine ....

13) la semaine dernière ....

14) à midi ....

15) à minuit ....

16) tous les jours ....

17) toujours ....

18) bientôt ....

19) en même temps ....

....

20) à huit heures du matin ....

....

21) une fois ....

22) cependant ....

23) ensuite ....

24) puis ....

25) parce que ....

26) car ....

27) après cela ....

28) ainsi ....

29) mais ....

30) immédiatement ....

31) souvent ....

32) rarement ....

33) lentement ....

34) avec peur ....

35) sans hésiter ....

36) trop de ....

37) beaucoup de ....

38) plus de ....

39) moins de ....

40) un peu de ....

41) la plupart de ....

42) plusieurs ....

43) quelquechose ....

44) une bouteille de ....

45) un paquet de ....

Useful prepositions

46) sous ....

47) sur ....

48) devant ....

49) entre ....

50) derrière ....

51) près de ....

52) loin de ....

53) après avoir fait cela ....

54) après être arrivé ....

55) avant ....

56) en face de ....

57) au bout de ....

(24.1) Translation

'Hold-up' à Rennes

Trois hommes masqués et armés ont attaqué, hier matin, à dix heures, le bureau de poste, situé 34, rue Gambetta. Sous la menace de leurs armes, ils ont réussi à voler 25,000 francs et ont aussitôt pris la fuite dans une voiture volée, une 'DS' bleue qui a été retrouvée cinq minutes plus tard. Son conducteur a été arrêté – il s'appelait Henri Senard, âgé de trente-cinq ans, natif de Marseille.

Après avoir attaqué le bureau de poste, les bandits avaient été chassés par un employé de l'établissement et un courageux témoin. Quelques kilomètres plus loin, ils avaient abandonné leur voiture et tous les trois avaient fui.

....

....

....

....

....

....

....

....

Une aventure de Marie-Claire

Marie-Claire arriva à la gare, tout essoufflée, pour apprendre que le premier train pour Paris ne partirait qu'à six heures du matin. Elle avait trois heures à attendre.

Malheureusement les environs de la gare n'offraient pas de distractions. A cette heure de la nuit, les boutiques étaient toutes fermées. Comme elle se sentait de plus en plus fatiguée, elle se dit – 'Il faut que je dorme'. Elle marchait le long d'une rue sur laquelle stationnaient de nombreuses autos. Elle s'approcha de l'une d'elles, en se disant – 'Je vais y dormir un moment'. Mais la voiture était fermée à clef.

Elle allait d'auto en auto, essayant chaque poignée. Une portière finit par s'ouvrir. Elle n'hésita pas. Elle monta, referma la portière et s'endormit presque tout de suite.

Elle se réveilla tout à coup et se rendit compte que le moteur était en marche. La voiture roulait à toute vitesse et dévorait les kilomètres!

....

....

....

....

....

....

....

....

PROSE TRANSLATION ONE
Translate the following passage into French. Try not to use your dictionary for your first attempt. Use the past tenses – perfect and imperfect – as appropriate.

Several weeks ago, Mary received a letter from her French friend, Marie-Louise. Marie-Louise lived near Paris and had written to invite Mary to spend two weeks at her home. Mary was delighted – she had never been to France before – and wrote at once to her friend to accept the invitation.

On Saturday, 3 June, Mary's parents accompanied her to the station to catch her train to Dover. When she arrived there, the boat which crossed the Channel to Calais was waiting at the quay. The sea was calm, the sky blue and two hours later the boat arrived at the port of Calais.

On the quay Mary's French friends were waiting for her. After a long journey by car, Mary arrived at the home of her friend. Mme Chabrol had prepared an excellent dinner – Mary's first French meal. After having eaten, Mary went to bed, very tired but very happy to be in France.

. . . .

. . . .

. . . .

. . . .

. . . .

. . . .

. . . .

PROSE TRANSLATION TWO
Translate the following passage into French. Try not to use your dictionary for your first attempt. Use the appropriate past tenses – perfect and imperfect – as appropriate.

The next day, Anne and Martine did not take breakfast in their hotel. Since the weather was beautiful, they decided to walk along the Seine and have coffee in a small café by the river which they had visited before.

They sat down at a table on the terrace. Suddenly, Anne noticed someone she knew. 'There's Claude,' she said, 'we must ask him to join us'.

Naturally, Claude was delighted to see his two friends again. 'Listen,' he said, 'I have an idea. Let's take my car and spend the day in the country. We can drive to Versailles, have lunch in a small restaurant I know and then take a walk in the palace gardens.'

They had been driving for an hour when the car began to make a strange noise. Claude stopped at a small garage and asked the owner to check the engine.

For four hours the girls had to wait with Claude at the garage. They were thirsty and hungry and regretted now that they had listened to Claude's good idea!

. . . .

. . . .

. . . .

. . . .

. . . .

. . . .

. . . .

Answers

1. Verbs – the present tense

1. 1) reste 2) aimes 3) parle 4) écoute 5) arrive 6) regardons 7) mangez 8) travaillent 9) quittent 10) cherchent.

2. 1) prenez l'autobus le matin.
    prennent l'autobus le matin.
    2) mettons la main dans la poche.
    mets la main dans la poche.
    3) va en France demain.
    vont en France demain.
    4) boit parfois le vin blanc.
    buvez parfois le vin blanc.
    5) dis toujours la vérité.
    dit toujours la vérité.
    6) fait vite le travail.
    font vite le travail.
    7) recevons une invitation à dîner.
    reçoivent une invitation à dîner.
    8) pars ce soir pour Dijon.
    partent ce soir pour Dijon.
    9) savez bien la réponse.
    savent bien la réponse.

3. 2) es 3) est 4) est 5) sommes 6) êtes 7) sont 8) sont
    2) as 3) a 4) a 5) avons 6) avez 7) ont 8) ont.

4. The correct verbs are:
    1) sortez 2) crois 3) vend 4) viens 5) descendons 6) écrit 7) envoient 8) ouvre 9) finissent.

5. 1) vous 2) se 3) se 4) se 5) s' 6) me 7) se 8) t' 9) nous 10) se.

6. 1) Asseyez-vous! 2) Ecoutez-moi!
    3) Faites attention! 4) Donnez-le-moi!
    5) Ne t'impatiente pas! 6) Viens ici!
    7) Embrasse-moi! 8) Suivez-moi! 9) Ne parlez pas!
    10) Attends-moi! 11) Ne touchez pas!
    12) Ne marchez pas sur l'herbe!
    13) Venez vite! 14) Ne regardez pas!
    15) Allez-vous-en!

7. 1) Mangez ce pain! 2) Allez vous coucher!
    3) Dépêchez-vous! 4) Prenez de l'aspirine!
    5) Buvez ce vin! 6) Allez en chercher une autre!
    7) Regardez le ciel! 8) Aidez-moi!
    9) Réparez-le! 10) Appelez le médecin!
    11) Taisez-vous! 12) Achetez-la!

Verbs followed by an infinitive

8. 1) Je dois aller à Paris.
    Il me faut aller à Paris.
    2) Vous devez travailler ce matin.
    Il vous faut travailler ce matin.
    3) Elle doit écrire une lettre.
    Il lui faut écrire une lettre.
    4) Ils doivent partir maintenant.
    Il leur faut partir maintenant.
    5) Nous devons dire au revoir.
    Il nous faut dire au revoir.
    6) Il doit apprendre le français.
    Il lui faut apprendre le français.
    7) Ils doivent prendre le train.
    Il leur faut prendre le train.
    8) Tu ne dois pas parler.
    Il ne te faut pas parler.
    9) Elle ne doit pas fumer.
    Il ne lui faut pas fumer.

9. 1) Oui, il lui faut venir avec nous.
    2) Oui, il nous faut rester ici.
    3) Oui, il nous faut partir.
    4) Oui, il leur faut passer l'examen.
    5) Oui, il lui faut quitter l'école.

10. 1) Je vais voir mon ami.
    2) Vas-tu préparer ton repas?
    3) Il va donner un cadeau à sa mère.
    4) Allez-vous boire votre café?
    5) Nous allons vendre notre voiture.
    6) Les amis vont jouer au football.
    7) Elles vont visiter leurs amies.
    8) Elle va acheter une nouvelle robe.

11. 1) Qu'est-ce qu'on va faire demain?
    – On va travailler demain.
    2) Qu'est-ce qu'on va manger ce soir?
    – On va manger du biftek ce soir.
    3) Qu'est-ce qu'on va voir cet après-midi?
    – On va voir un bon film cet après-midi.
    4) Qu'est-ce qu'on va boire après?
    – On va boire du vin rouge après.
    5) Qu'est-ce qu'on va acheter aujourd'hui?
    – On va acheter des fruits et des légumes aujourd'hui.
    6) Qu'est-ce qu'on va lire ce matin?
    – On va lire un journal ce matin.

12. The correct verbs are:
    1) veux/peux 2) veulent/peuvent 3) veut/peut 4) veulent/peuvent 5) veut/peut 6) voulons/pouvons 7) voulez/pouvez 8) veulent/peuvent.

2. Numbers

1. 1) un/dix/onze 2) deux/douze/vingt 3) trois/treize/trente 4) quatre/quatorze/quarante 5) cinq/quinze/cinquante 6) six/seize/soixante 7) sept/dix-sept/vingt-sept 8) huit/dix-huit/vingt-huit 9) neuf/dix-neuf/vingt-neuf 10) cent/mille.

2. 1) troisième 2) première 3) quatrième 4) cinquième 5) sixième.

3. 1) dix 2) huit 3) douze 4) dix-neuf 5) cinq 6) vingt-quatre 7) quarante-neuf 8) soixante-quatre 9) soixante 10) quarante-six.

4. 1) quatre 2) vingt et un 3) vingt-trois 4) soixante-six 5) soixante-deux 6) vingt-deux 7) trente-six 8) vingt-quatre 9) cinquante-quatre 10) vingt 11) deux 12) trente-trois 13) cinquante-neuf 14) soixante-trois 15) quatre-vingt-un.

Telling the time

5. 1) Il est une heure 2) Il est quatre heures 3) Il est six heures 4) Il est midi 5) Il est minuit 6) Il est deux heures et demie 7) Il est midi et demi 8) Il est six heures et quart 9) Il est cinq heures moins quart 10) Il est neuf heures vingt 11) Il est neuf heures vingt-cinq 12) Il est trois heures moins vingt-cinq.

6. 1) Je pars à onze heures vingt-huit 2) J'ai cinq minutes avant le départ de mon train. 3) Je pars à onze heures trente-quatre 4) J'y arriverai à deux heures trente-cinq 5) Je pars à douze heures onze 6) Le train part à onze heures dix 7) Je dois attendre vingt-huit minutes 8) J'y arriverai à seize heures six 9) Je partirai à midi et quart 10) Je pars à onze heures cinquante-sept.

3. Dates

1. 1) lundi 2) mardi 3) mercredi 4) jeudi 5) vendredi 6) samedi 7) dimanche

Answers

2. 1) He arrives on Tuesday morning 2) I am going there on Monday evening 3) We go to the cinema on Saturday afternoons 4) Last Friday he left for Paris 5) Come and see me next Thursday 6) Every Saturday he plays football 7) He goes to church every Sunday 8) He begins his holidays a week on Thursday 9) What day of the week is it? 10) It is Friday today.

Months of the year

3. 1) janvier 2) février 3) mars 4) avril 5) mai 6) juin 7) juillet 8) août 9) septembre 10) octobre 11) novembre 12) décembre.

4. 1) In December it is cold 2) My birthday is in April 3) He arrives on Tuesday, the first of June 4) The fourteenth of July is the national holiday.

4. The partitive article

1. 1) donnez-moi de la viande 2) donnez-moi de la soupe 3) donnez-moi du jambon 4) donnez-moi de la salade 5) donnez-moi du fromage 6) donnez-moi de la limonade 7) donnez-moi du café 8) donnez-moi de la crème

2. 1) de l' 2) des 3) du 4) des 5) de l' 6) du 7) des 8) de la 9) de l'.

3. 1) il n'y a pas de lait 2) d'argent 3) je ne prends pas de viande 4) je n'ai pas de croissants 5) d'eau.

4. 1) Avez-vous des chaussures? 2) Donnez-moi du pain 3) Elle met toujours de l'ail dans la salade 4) Je n'ai pas de frères 5) Ils n'ont pas d'argent 6) Il veut de la crème.

De plus the definite article

5. 1) de la 2) de 3) de la 4) du 5) de l' 6) des 7) des.

De after expressions of quantity

6. 1) There are many flowers in his garden 2) I have eaten enough meat 3) How much money does he owe you? 4) Give me a little bread 5) I would like a bottle of white wine 6) He buys too many clothes 7) There ae fewer clouds now 8) She has a lot of friends.

A plus the definite article

7. 1) au 2) à 3) aux 4) à la 5) à l' 6) à la 7) au 8) à la 9) à la 10) au.

5. Adjectives

1. 1) ouvert 2) petit 3) vieille/noire 4) petit/carré 5) charmant/pittoresque 6) intéressants 7) petite/rouge 8) gros/bleue 9) grands/fermés 10) belles/d'été.

2. 1) bonne 2) vieille 3) fraîche 4) nouvelle 5) blanche 6) belle 7) grosse 8) neuve.

3. 1) longs 2) contente 3) neuve 4) bleu 5) nouveaux 6) élégante 7) mauvais 8) grandes 9) français 10) chaudes.

4. 1) française 2) espagnol 3) italien 4) écossais 5) allemands 6) portugaise 7) américaines 8) autrichienne 9) russe.

5. 1) livre intéressant 2) jolie fille 3) beau jardin 4) maison magnifique 5) vieux château 6) jeune femme 7) journal anglais 8) autre bouteille 9) bonne idée 10) robe rouge.

6. 1) Cette maison est grande 2) Ce magasin est beau 3) Ces fleurs sont belles 4) Cet hôtel est petit 5) Ce café est bon 6) Cette femme est grosse 7) Ce restaurant est mauvais 8) Ces garçons sont intelligents.

7. 1) C'est ma maison 2) C'est ton verre 3) C'est votre place 4) C'est notre appartement 5) C'est leur voiture 6) C'est ta robe.

8. Words underlined:
murale / recherché / dangereux / moyenne / marron / noirs / petite / pointue / gris / noir / blanche / rouge / nouveaux / vigilants.
Comprehension:
1) Devant le poste de police 2) Une affiche murale 3) trente ans 4) Il était de taille moyenne 5) Il avait les cheveux noirs, coupés en brosse 6) Une récompense de mille nouveaux francs.

Tout

9. 1) tous 2) tout 3) tous 4) toutes 5) tout 6) toute 7) toute 8) toutes 9) tout 10) tous.

10. 1) He knows everything 2) Have you seen everything? 3) Everybody knows that 4) Both are my friends 5) He left at top speed 6) Come here immediately 7) Suddenly he understood.

11. 1) tous les soldats sont courageux 2) toutes les femmes travaillent dur 3) tous les enfants font trop de bruit 4) Tout le monde sait que j'ai raison 5) toute sa vie dans l'armée 6) Toutes les vaches mangent l'herbe 7) Tous les Anglais boivent le thé 8) Tous les Français boivent le vin 9) toutes les exercices sont faciles 10) tous les trains arrivent à l'heure.

Comparison of adjectives

12. 1) You should have ticked: b / d / f / g / i
2) You should have ticked: b / c / e / g / h / j
3) You should have ticked: b / d / e / h / j

13. 1) faux 2) vrai 3) faux 4) vrai 5) vrai 6) faux 7) faux 8) faux 9) vrai 10) vrai.

Countries and Nationalities

14. 1) Il habite la France/C'est un Français Il est français 2) Il habite l'Angleterre/ C'est un Anglais/Il est anglais 3) Elle habite l'Allemagne/C'est une Allemande/Elle est allemande 4) Elle habite le Portugal/C'est une Portugaise/ Elle est portugaise 5) Il habite l'Ecosse/ C'est un Ecossais/Il est écossais 6) Elle habite la Suisse/C'est une Suisse/Elle est suisse 7) Il habite la Russie/C'est un Russe/Il est russe 8) Elle habite l'Hollande/C'est une Hollandaise/Elle est hollandaise 9) Elle habite la Belgique/C'est une Belge/Elle est belge 10) Il habite l'Autriche/C'est un Autrichien/Il est autrichien.

6. Pronouns (1)

Personal pronouns

1. 1) Il 2) Elle 3) Il 4) Il 5) Ils 6) Elle 7) Elle 8) Elle 9) Il 10) Ils 11) Il

2. 1) Nous 2) Je 3) Tu 4) Elle 5) Il 6) Elles 7) Vous 8) Ils 9) Je 10) Tu.

Direct object pronouns

3. 1) la 2) la 3) l' 4) le 5) les 6) l' 7) l' 8) la 9) le 10) les.

4. 1) t' 2) m' 3) m' 4) vous 5) t' 6) vous 7) te 8) vous 9) vous 10) me.

Answers

Answers

5. 1) vin 2) pain 3) discothèque 4) train 5) télévision 6) vacances 7) film 8) lettre 9) viande 10) lunettes.

6. 1) ne la regarde pas 2) ne les prends pas 3) ne les écoute pas 4) ne le parle pas bien 5) ne les attends pas 6) ne la fais pas 7) ne le mets pas 8) ne le prends pas.

Direct object: en

7. 1) Oui, j'en ai déjà 2) Oui, Marcel en boit 3) Oui, il en a trois 4) Non, je n'en mange pas 5) Oui, elle en a acheté 6) Non, elle n'en a pas reçu.

Object pronoun: y

8. 1) Les amis y vont aujourd'hui 2) l'hôtel s'y trouve 3) Comment est-ce que j'y vais? 4) Le dimanche elle y va toujours 5) Elle y a rencontré ses amis 6) J'y ai mis les valises 7) Vous n'y allez pas aujourd'hui 8) J'y ai trouvé mon cahier 9) Y allez-vous?

Agreement of past participle

9. 1) mises 2) donnés 3) donnée 4) prêté 5) vue.

Indirect object pronouns

10. 1) lui 2) me 3) leur 4) lui 5) nous 6) te 7) vous 8) leur.

11. 1) lui 2) me dit 3) ne leur a pas 4) ne lui ai pas 5) ne nous a pas 6) ne te prête 7) ne vous ai 8) ne leur a pas.

12. 1) lui 2) lui 3) nous 4) leur 5) moi.

13. 1) lui 2) leur montrez pas 3) nous donnez pas 4) nous écrivez pas 5) me téléphonez pas.

Order of pronouns – direct and indirect

14. 1) le lui 2) le leur 3) la lui 4) vous les 5) nous les 6) les leur 7) te la 8) me l' 9) te les 10) la lui.

15. 1) Sa tante ne la lui a pas envoyée 2) Je ne le leur ai pas donné 3) Je ne te l'ai pas offerte 4) Elle ne la lui donne pas 5) Je ne les leur vends pas 6) Je ne vous les envoie pas 7) Ne me le donnez pas! 8) Ne la leur offrez pas! 9) Ne le lui envoyez pas! 10) Ne nous la prêtez pas!

16. 1) t'y 2) t'en 3) lui en ai envoyé 4) les y a laissés 5) lui en a prêté.

7. Negatives

1. 1) je n'aime pas le fromage 2) il ne fait pas chaud aujourd'hui 3) je n'habite pas Londres 4) je ne suis pas allé en France 5) je ne suis pas venu en voiture 6) je n'ai pas bien travaillé 7) je n'ai pas compris la question 8) je ne vais pas manger au restaurant 9) je ne me lève pas de bonne heure.

2. 1) faux 2) faux 3) faux 4) vrai 5) vrai 6) faux 7) vrai 8) faux 9) faux 10) vrai.

3. 1) Je ne regarde jamais la télévision après dix heures 2) Je ne suis jamais méchant avec les animaux 3) Je ne suis jamais impoli aux adultes 4) Je ne traverse jamais la rue sans regarder 5) Je ne parle jamais avec quelquechose dans la bouche 6) Je n'arrive jamais en retard pour un rendez-vous 7) Je ne joue jamais au cricket en décembre 8) Je n'oublie jamais de faire les devoirs 9) Je ne roule jamais à bicyclette sur le trottoir.

4. 1) Je ne vois rien 2) Je ne fais rien 3) Je n'achète rien 4) Je ne veux rien 5) Je ne mange rien 6) Je ne bois rien 7) Je ne regarde rien 8) Je n'entends rien 9) Je n'ai rien vu 10) Je n'ai rien dit.

5. 1) f/ 2) d/ 3) h/ 4) g/ 5) b/ 6) a/ 7) i/ 8) j/ 9) c/ 10) e

6. 1) je n'habite plus Amiens 2) elle ne pleure plus 3) il ne neige plus 4) elle n'est plus dans sa chambre 5) il ne m'écrit plus 6) Personne ne frappe à la porte 7) Personne n'a dit ça 8) Je n'entends personne 9) Je ne regarde personne 10) Je n'attends personne.

8. Verbs – the perfect tense

1. 1) a 2) Avez 3) a 4) avons 5) ont 6) ont 7) ai 8) as 9) avez 10) a.

2. 1) sont 2) est 3) sommes 4) suis 5) Es 6) êtes 7) sont 8) est 9) es 10) sont 11) est.

3. 1) bu 2) pris 3) mis 4) eu 5) été 6) descendu 7) pu 8) plu 9) reçu 10) vendu.

4. 1) s'habillée 2) nous sommes réveillés 3) s'est assis 4) s'est lavée 5) se sont couchés 6) me suis rasé 7) vous etes regardés 8) t'es dépêché.

5. 1) parti 2) allé 3) arrivé 4) allée 5) venus 6) arrivé 7) entrés 8) arrivées.

6. 1) man 2) woman 3) men 4) woman 5) women 6) man 7) man 8) woman.

7. The verbs in the passage should be as follows: suis allée/sommes amusées/je n'ai pas perdu/j'ai acheté/s'est achetée/sommes rentrées/ j'ai montré/il a dit/il a accepté.

8. 1) vu 2) reconnue 3) rencontrée 4) l'ai achetée à Paris 5) l'a entendu 6) l'a offert à Marie 7) l'ai prise 8) les a écrites 9) les ai mangés 10) les a rencontrées.

9.
1) Je n'ai pas fermé la porte.
2) Vous n'avez pas acheté les jeans.
3) Tu n'as pas parlé au professeur.
4) Elle ne s'est pas acheté le chemisier.
5) Elles ne sont pas parties de bonne heure.
6) Je ne me suis pas regardé dans le miroir.

10. 1) levée 2) acheté 3) parti 4) allés 5) disparu 6) arrivés 7) envoyé 8) arrivées 9) continué 10) reçu.

9. Compositions

Composition One
Words in order:
1) ont/plus grande/dernier/ont/du matin/sont/ont/les meubles/grand camion.
2) plus tard/est/est/a/nouvelle/été/occupés/a/ toujours assis/regardait tristement/partir.
3) nouvelle/toute/a/camion/vite.
4) quatre heures vingt/était/cuisine/buvait/ Soudain/ s'est/où/avons oublié.
5) petite/était/inquiète/pleurait/est.
6) plusieurs/plus tard/est/bras/tout le monde/était/ content.

Composition Two
Words in order:
1) beau/pendant/décidé/faire/partis/bonne/midi/ arrivés/endroit.
2) deux/faim/arrêtés/déjeuner/à côté de/ avait/vu/ annonçait/défendu.
3) Puisqu'/chaud/nagé/préparé/boisson.
4) entendu/d'alarme/amie/avait.
5) Pendant/toujours/attirait/partie/courant/fermier.
6) arrivés/mené/malheureusement/ruiné/ Heureusement/restait/bouteille/offerte/pauvre.

Answers

10. Verbs – the imperfect tense

1. 1) était 2) regardais 3) travaillais 4) allaient 5) avais 6) disait 7) prenait 8) savaient 9) finissions 10) disiez.

2. 1) was 2) was 3) was/used to speak 4) was 5) used to work 6) was able 7) were 8) was wearing 9) was raining 10) used to live.

3. You should have underlined these words: travaillait/était/passait/poussaient/cultivait/ s'asseyait/cousait/tricotait/semait/aidaient/ distinguaient/arrachaient/venait.

4. 1) finissait 2) était 3) buvait 4) travaillait 5) faisait 6) attendions 7) allais 8) voulaient 9) avait 10) dansais.

5. a invité/est né/sont allés/faisait/ne sont pas restés/ avait/a conduits/a commandé/choisissaient/ont bu/ ont pris/écoutaient/jouait/étaient.

6. 1) Je faisais la vaisselle après le déjeuner 2) Elle est arrivée hier 3) Nous avons bu deux verres de vin 4) Où alliez-vous? 5) Après le petit déjeuner il lisait toujours le journal 6) Ils étaient très contents du repas 7) J'ai vu Pierre à la gare.

7. 1) J'étais malade depuis trois heures quand le médecin est arrivé 2) J'attendais une heure quand le train est parti 3) Il parlait depuis dix minutes quand vous êtes arrivé.

11. Verbs – the conditional tense

1. 1) viendrait 2) boirais 3) reposerait 4) prêterions 5) achèterais 6) feraient 7) diriez 8) arriverait 9) parleraient 10) guérirait.

2. 1) f 2) i 3) e 4) g 5) a 6) h 7) b 8) c 9) d

12. Pronouns (2)

Emphatic pronouns

1. 1) lui 2) elle 3) eux 4) nous 5) elles 6) lui 7) elle 8) nous 9) toi.

2. 1) Oui, moi 2) Oui, lui 3) Oui, nous 4) Oui, toi 5) Oui, eux 6) Oui, vous 7) Oui, elles 8) Oui, elle.

3. 1) Voulez-vous venir avec nous? 2) Qui a dit cela? Moi 3) Qui a fait cela? C'était lui 4) Il est parti sans elle.

Demonstrative pronouns

4. 1) celles-ci/ celles-là 2) celle-ci/ celle-là 3) celui-ci/ celui-là 4) celui-ci/ celui-là 5) ceux-ci/ ceux-là 6) celles-ci/ celles-là 7) celle-ci/ celle-là 8) celui-ci/ celui-là 9) ceux-ci/ ceux-là.

5. 1) celle 2) ceux 3) celui 4) celles 5) ceux 6) celui 7) celle 8) ceux.

6. 1) Porte celle de ta sœur! 2) Portez ceux de ton frère! 3) Prenez celle de Michel! 4) Mettez celui de trois francs! 5) Envoie-lui celle de Notre Dame! 6) Je prends celui de Bordeaux! 7) Empruntez celle de ton père! 8) Apprenez celui de Wordsworth! 9) Lisez celui d'Agatha Christie! 10) Achetez ceux de ce matin!

Relative pronouns

7. 1) qui 2) qui 3) que 4) qui 5) que 6) qui 7) que 8) que.

8. 1) Elle va chanter une chanson que vous connaissez. 2) La montagne que vous voyez au loin est très dangereuse. 3) Tu n'as pas reçu la lettre que j'ai mise à la poste lundi? 4) A qui est cette voiture qu'on peut voir devant la maison? 5) Un monsieur est entré que je n'ai pas vu avant. 6) Le poète qui a écrit ces vers est bien connu. 7) J'ai rencontré un jeune homme qui ne m'a pas reconnu. 8) La jeune femme qui travaille dans la maison ne sait pas que faire.

9. 1) Je ne connais pas l'homme dont tu parlais. 2) Nous avons gagné l'argent dont nous avions besoin. 3) Entrez dans le magasin dont la porte est ouverte. 4) Où est le chien dont elle a peur? 5) Il m'a raconté une histoire dont j'ai oublié la fin.

Interrogative pronouns

10. 1) Lesquels? 2) Laquelle? 3) Lequel? 4) Lequel? 5) Lesquelles? 6) Laquelle? 7) Lequel? 8) Laquelle?

Possessive pronouns

11. 1) le mien 2) les miennes 3) la leur 4) le vôtre 5) la sienne.

12. 1) J'ai retrouvé les miens aussi 2) La mienne est aussi dans le garage 3) Le mien est beau aussi 4) Elles y achètent les leurs aussi 5) Je préfère le mien aussi 6) Ils ont dépensé le leur aussi 7) Le leur est grand aussi 8) La mienne y travaille aussi 9) Le vôtre est bien fait aussi.

13. Letter-writing

1. 1) Monsieur le Directeur 2) Ma chère Martine 3) Cher André 4) Monsieur le Docteur 5) Chers amis 6) Chère Marie 7) Messieurs 8) Mon cher Philippe 9) Madame 10) Monsieur.

2. 1) friendly 2) business 3) friendly 4) friendly 5) business 6) friendly 7) friendly 8) business 9) friendly 10) friendly.

14. The weather

1. 1) Il neige 2) Il fait chaud 3) Il fait froid 4) Il fait du brouillard 5) Le soleil brille 6) Il pleut 7) Il fait du vent.

   1) The weather is bad in winter 2) The weather is fine in summer 3) It is going to rain tomorrow 4) Yesterday it was warm 5) It is freezing hard today.

15. Background questions on France

1) b 2) a 3) a 4) c 5) b 6) a 7) b 8) b 9) d 10) a 11) d 12) b 13) a 14) d 15) a 16) c 17) b 18) c.

16. Asking questions

1. 1) Est-ce que tu cherches ton ami? 2) Est-ce que vous avez trouvé mes lunettes? 3) Est-ce qu'elles sont toujours à l'école? 4) Est-ce qu'ils sont déjà partis en vacances? 5) Est-ce que Marie veut aller en ville? 6) Vient-elle à Paris en mai? 7) Pleut-il toujours en Angleterre? 8) Sont-elles restées à la maison? 9) Va-t-on au cinéma ce soir? 10) Parle-t-elle bien le français?

Answers

e bien le français?

2. 1) d 2) f 3) b 4) j 5) h 6) e 7) g 8) i 9) a 10) c.

Question words

3. 1) d 2) j 3) a 4) c 5) h 6) b 7) i 8) e 9) g 10) f.

4. 1) Combien? 2) Quand? 3) Combien? 4) Où? 5) Où? 6) Pourquoi? 7) Comment? 8) Quand? 9) Qui? 10) Pourquoi?

5. 1) b 2) c 3) a 4) c 5) a 6) c 7) b 8) a 9) b.

17. Oral exam practice (1)

1) m'appelle 2) suis/suis 3) ai/ai/ai 4) travaille 5) travaille 6) habite 7) habite 10) ai/ma/moi/frère/sœur 11) j'aide ma mère à faire le ménage/je n'aide pas ma mère à faire le ménage 12) vaisselle/travaille 13) mère/père 14) avons/avons/ 15) avons/petit/avons pas 16) cultive/fleurs/légumes.

Answering questions (B)

1) suis/cette année 2) école mixte/filles/garçons 4) d'uniforme/portons 5) viens 6) ai 7) commence 8) préfère 9) aime/aime 10) suis 11) mange/mange/maison 12) repas/bons/repas/sont/bons 13) rentre 14) ai/devoirs 15) joue 16) quitte/cette/école/ans.

18. Verbs – the pluperfect tense

1. 1) avais 2) était 3) avais 4) étiez 5) avions 6) avaient 7) était 8) avais 9) était 10) avais 11) étaient.

2. 1) Nous avons dit que nous avions vu ce film. 2) Elle m'a demandé s'ils étaient allés à Paris. 3) Le porteur m'a dit que le train était déjà parti. 4) Je leur ai dit que je n'avais pas bien mangé. 5) Il nous a dit qu'il avait fini son travail. 6) On m'a demandé si j'avais vu Jean-Paul. 7) On m'a dit qu'il n'était pas encore arrivé.

3. 1) imperfect 2) imperfect 3) imperfect 4) pluperfect 5) pluperfect 6) perfect 7) pluperfect 8) imperfect 9) perfect 10) pluperfect 11) imperfect 12) perfect 13) perfect 14) pluperfect 15) perfect 16) imperfect 17) pluperfect 18) imperfect 19) perfect 20) pluperfect 21) perfect 22) pluperfect 23) imperfect.

4. 1) achetés 2) vu 3) mangé 4) reçu 5) partie 6) donnée 7) cueillies 8) habillé 9) levées 10) vus.

19. Reading Comprehension

1. a) To celebrate the 70th anniversary of the first flight across the channel. b) 1909 c) The weather was good. d) In the Town Hall at Gand. e) Louis Bleriot's grandson.

2. a) The fire burned with an unbelievable speed and ferocity. b) Metal furniture. c) A series of loud explosions and by the light of the flames in the sky. d) That it was disastrous. e) It will take that long to rebuild the factory.

20. Verbs – the future tense

1. 1) téléphonerai 2) prendras 3) partira 4) arrivera 5) resterons 6) mangerez 7) visiteront 8) quitteront.

2. 1) liras 2) travaillerons 3) partiront 4) quitterai 5) tournerez 6) demanderai 7) restera 8) sortiront.

3. 1) arrivera demain matin. 2) prendra deux heures. 3) arriverai vers quatre heures. 4) rentrera à trois heures. 5) quitteront La Baule la semaine prochaine. 6) attendrons Philippe à la gare. 7) donnerai l'argent cet après-midi. 8) visiteront aujourd'hui.

4. 1) Je serai content si je le vois. 2) Tu seras malade si tu manges trop. 3) Elle sera contente de vous voir. 4) Nous aurons besoin de tout notre argent. 5) Vous ferez vos devoirs maintenant. 6) Ils auront froid sans leurs manteaux.

5. 1) aurai 2) serai 3) ferai 4) irai 5) voudrai 6) courrai 7) pourrai 8) mourrai 9) viendrai 10) tiendrai 11) verrai 12) recevrai

6. 1) recevrez 2) serai 3) aura 4) verront 5) paieras 6) ferons 7) faudra 8) irez 9) viendrai/voudront 10) pourrez.

7. 1) vous donnerai la réponse demain. 2) sera contente demain. 3) aurons leur réponse demain. 4) seront au bureau demain. 5) ira chez Monique demain.

8. 1) Si on me demande de payer, je paierai. 2) Si tu me demandes d'être ici dimanche, je serai ici dimanche. 3) Si mon père me dit de sortir, je sortirai. 4) Si Lise m'invite à rester, je resterai. 5) Si on me demande d'aller en France, j'irai en France. 6) Si vous me dites de partir, je partirai. 7) Si elle m'invite à voir le film, je verrai le film. 8) Si vous me demandez d'attendre, j'attendrai. 9) Si elle me demande de répondre, je répondrai. 10) Si tu me demandes de te prêter l'argent, je te prêterai l'argent.

9. 1) e 2) f 3) a 4) h 5) b 6) e 7) i 8) j 9) g 10) c.

21. Adverbs

1. certainement – certainly / tristement – sadly / rapidement – quickly / poliment – politely / actuellement – at the moment / joyeusement – joyfully / terriblement – terribly / silencieusement – silently / absolument – absolutely / exactement – exactly / gratuitement – without payment / immédiatement – immediately / rarement – rarely / lentement – slowly / sûrement – surely / énormément – enormously / bien – well / mal – badly / vite – quickly / patiemment – patiently / brillamment – brilliantly / mieux – better.

2. still often at last sometimes always too much/many already usually at once today yesterday tomorrow.

3. 1) part demain pour Paris. 2) mange souvent au restaurant. 3) vas sûrement manquer ton train. 4) répondons poliment au professeur. 5) Marie attend patiemment sa mère. 6) Tu es vraiment malade. 7) Ils descendent lentement l'escalier. 8) Il refuse absolument de venir. 9) Vous avez exactement dix minutes. 10) Je suis complètement satisfait de mon travail. 11) Marie a dit au revoir tristement à son ami. 12) Jean est parti lentement à bicyclette. 13) Il a certainement manqué le train. 14) Ils se sont installés confortablement dans le compartiment. 15) Elle a marché rapidement vers la porte.

22. Oral exam practice (2)

Role-playing situations (1)

1) Montrez-moi un parfum, s'il vous plaît. / Non, c'est pour ma mère. / Elle a les cheveux blonds et elle aime les fleurs.

Answers

2) Est-ce qu'il y a des places pour cette nuit, s'il vous plaît? / Nous sommes quatre, deux filles et deux garçons. / A quelle heure faut-il rentrer ce soir?
3) Je voudrais changer mes réservations, s'il vous plaît. / Je veux partir samedi après-midi, pas dimanche. A quelle heure part le car pour l'aéroport?
4) Faites le plein, s'il vous plaît. / Vérifiez la batterie et les pneus. / Merci, monsieur. Ça coûte combien?
5) Au revoir, madame et merci beaucoup. / J'ai passé un séjour merveilleux. / Je te verrai chez moi l'année prochaine.
6) Je voudrais envoyer une carte postale en Angleterre, s'il vous plaît. / Je ne sais pas la valeur du cadeau./ Non, on m'a donné un livre pour envoyer à ma sœur.

Role-playing situations (2)

1) Est-ce que c'est le Théâtre Champs Elysées? Je voudrais réserver quatre places pour samedi soir, s'il vous plaît.
   Je les voudrais au balcon, au quatrième ou cinquième rang.
2) J'ai laissé mon caméra dans le car de Versailles ce matin.
   C'était un Kodak dans un sac plastique.
   Merci, je regrette de vous avoir troublé.
3) Qu'est-ce qu'on va faire aujourd'hui?
   C'est une bonne idée. A quelle heure voulez-vous partir?
   Est-ce que je peux aller à une banque pour changer un chèque de voyage?
4) J'ai mal à la gorge.
   Je l'ai depuis presque deux semaines.
   Je trouve difficile de manger et de boire.

23. Useful expressions

1) at this moment 2) yesterday 3) tomorrow 4) the following day 5) this evening 6) this afternoon 7) this morning 8) today 9) last Saturday 10) next Monday 11) in May 12) next week 13) last week 14) at midday 15) at midnight 16) every day 17) always 18) soon 19) at the same time 20) at eight o'clock in the morning 21) once 22) however 23) then/next 24) then 25) because 26) for 27) after that 28) thus 29) but 30) immediately 31) often 32) rarely 33) slowly 34) fearfully 35) without hesitating 36) too much 37) a lot of/many of 38) more than 39) less than 40) a little of 41) most of 42) several 43) something 44) a bottle of 45) a packet of 46) under 48) in front of 49) between 50) behind 51) near 52) far from 53) after having done that 54) after having arrived 55) before 56) facing 57) at the end of 58).

24. Translations

Unseen translation one

Yesterday morning at ten o'clock three armed and masked men attacked the Post Office at 34 Gambetta Street. By threatening with their weapons they succeeded in stealing 25,000 francs and immediately fled in a stolen car, a blue 'DS' which was found five minutes later. The driver was arrested – named Henri Senard, he was 35 years old and came from Marseille.

After having attacked the Post Office, the robbers had been chased by an employee of the establishment and a courageous witness. Some kilometers away, they had abandoned the car and had both fled.

Unseen translation two

Marie-Claire arrived at the station, quite out of breath, to learn that the first train to Paris would not leave till six o'clock in the morning. She had three hours to wait. Unfortunately, the area around the station contained nothing to distract her. At that time of night, the shops were all closed. She felt more and more tired, and so said to herself 'I must get some sleep.' She was walking along a street in which many cars were parked. Approaching one of them, she said to herself: 'I shall sleep there for a while.' But the car was locked.

She went from one car to another, trying each door handle. At last a door opened. She did not hesitate. She got in, closed the door again and went to sleep almost at once. Suddenly, she woke up and realised that the engine was running. The car was travelling at top speed and eating up the kilometers!

Prose translation one

Il y a plusieurs semaines, Marie a reçu une lettre de son amie française, Marie-Louise. Marie-Louise habitait près de Paris et avait écrit pour inviter Marie à passer deux semaines chez elle. Marie était ravie – elle n'était jamais allée en France avant – et elle a écrit immédiatement à son amie pour accepter l'invitation. Samedi, le trois juin, les parents de Marie l'ont accompagnée à la gare pour prendre son train à Douvres. Quand elle y est arrivée, le bateau qui traversait la Manche attendait au quai. La mer était calme, le ciel bleu at deux heures plus tard le bateau est arrivé au port de Calais.
Sur le quai, les amis français de Marie l'attendaient. Après un long voyage en voiture, Marie est arrivée chez son amie. Mme. Chabrol avait préparé un dîner excellent – le premier repas français pour Marie. Après avoir mangé, Marie s'est couchée, très fatiguée mais très contente d'être en France.

Prose translation two

Le lendemain, Anne et Martine n'ont pas pris le petit déjeuner à l'hôtel. Puisqu'il faisait très beau, elles ont décidé de se promener le long de la Seine et de prendre le café dans un petit café près du fleuve qu'elles avaient visité avant.
Elles se sont assises à une table sur la terrasse.
Soudain, Anne a remarqué quelqu'un qu'elle connaissait.
'Voilà Claude' a-t-elle dit, 'il nous faut lui demander de nous joindre.
Naturellement, Claude était ravi de revoir ses deux amies. 'Ecoutez' a-t-il dit, 'J'ai une idée. Prenons ma voiture et passons la journée à la campagne. Nous pouvons conduire à Versailles, déjeuner dans une petite auberge que je connais et puis nous promener dans les jardins du château.'
Ils conduisaient depuis une heure quand la voiture a commencé à faire un bruit étrange. Richard s'est arrêté à un petit garage et a demandé au propriétaire de vérifier le moteur. Pendant quatre heures les filles devaient attendre avec Claude au garage. Elles avaient soif et faim et regrettaient maintenant qu'elles avaient écouté la bonne idée de Claude!